社員の力で最高のチームをつくる

〈新版〉1分間エンパワーメント

EMPOWERMENT TAKES MORE THAN A MINUTE

ケン・ブランチャード＋
ジョン・P・カルロス＋アラン・ランドルフ著
Ken Blanchard, John P. Carlos, Alan Randolph
星野佳路 監修　御立英史 訳

ダイヤモンド社

EMPOWERMENT TAKES MORE THAN A MINUTE

SECOND EDITION

by

Ken Blanchard, John P. Carlos, Alan Randolph

Japanese translation rights arranged with Berrett-Koehler Publishers,
San Francisco, California
through Tuttle-Mori Agency, Inc., Tokyo

監訳者まえがき――エンパワーメントの世界へ

星野リゾート代表　星野佳路

今の星野リゾートは、この本がなければ存在しなかった。私の経営者人生で最も影響を受けたのが本書だ。

私が家業の温泉旅館を継いだ1990年代、低い社員モチベーション、高い離職率、そして採用難という組織の課題に直面していた。

社員のモチベーションを高めるには、給与水準などの職場環境だけでは十分でないことはわかっていた。会社の将来像の共有、仕事の自由度、そして会社生活の楽しさのほうが大切ということも知識として知っていた。しかし、そこにたどりつく方法や手順がわからなかったのだ。

本書が、エンパワーメントの方法論を具体的に示していたことを発見した私は、渡りに船とばかりに実際にやってみることにした。

エンパワーメントには、次の3つの鍵が必要になる。

［第1の鍵］正確な情報を全社員と共有する
［第2の鍵］境界線を明確にして自律的な働き方を促す
［第3の鍵］階層組織をセルフマネジメント・チームで置き換える

さらに、それぞれの鍵で具体的に行うべきポイントも書かれている。

［第1の鍵］のポイント

・会社の情報を共有し、信頼関係を築く
・階層組織の思考を廃し、全員が経営者意識を持って行動することを促す
・失敗を学習の機会と考える

［第2の鍵］のポイント

・説得力のあるビジョンを設定する
・社員が自分の目標と役割を明確にできるようにする
・行動の根底にある価値観を定義する
・ルールを定める
・行動の自由を提供する

［第3の鍵］のポイント

・全員がチームスキルを学び高める
・チームが自律するよう支援と励ましを与える
・コントロールを徐々にチームに引き渡す
・困難に遭遇することを覚悟しておく

エンパワーメントを成功させるためのコツは、書かれている内容を一言一句、そのまま実践することだ。つい導入しやすいところだけを試してみて、部分的にしか行わないことが多い。しかし、これでは成果を上げることはできない。

3つの鍵に徹底的に取り組むことが大切だ。

本書にも書かれているように、途中でうまくいかなくなる場面に必ず遭遇する。だが、そこであきらめずに、じっくり腰を据えて取り組んでいかなければいけない。停滞したときの対処方法も書かれているが、それぞれの事情に合わせて試行錯誤し解決していくことが求められる。

私たちが始めたときも、すぐに成果が得られる感覚はなかった。それでも、内容を信じて継続していくと、それはフラットな組織文化として定着し、結果として社員が自発的に動くようになっていった。星野リゾートが目指しているのは顧客満足と利益を両立させることができる独自のホテル運営手法だ。今では多くのエンパワーされた社員たちが、この目標に向かって日々行動し、会社の仕組みを進化させ、それが全体として業績向上に結びついている。

本書の通りに実践できるかできないかは覚悟の問題だ。もし辛抱強く取り組むことができたときには、想像以上の成果にきっと驚くだろう。本書を手に取り、まえがきを読み終えたあなたは、エンパワーメントの世界への扉の前に立っている。

社員の力で最高のチームをつくる　目次

はじめに

ビジネスの世界において、エンパワーメントほど広く受け入れられながら、それでいて思うように進んでいないものはありません。

エンパワーメントとは、自律した社員が自らの力で仕事を進めていける環境をつくろうとする取り組みです。社員のなかで眠っている能力を引き出し、最大限に活用することをめざしています。複雑さとダイナミックさが増す世界で生き残ろうとする組織にとって、避けて通れない課題と言えるでしょう。

エンパワーされた社員は、組織と自分自身の両方に利益をもたらします。仕事にも生活にも強い目的意識をもって取り組み、会社の仕組みや業務の進め方を改善し続ける原動力となります。

エンパワーメントが実現すれば、社員は最善のアイデアを生み、最高の仕事をするようになります。熱意をもって、自分のこととして、そして誇りをもって仕事に取り組みます。会社の利益と自らの目標を高いレベルで融合させ、責任をもって行動するようになるのです。

上司が管理し、部下は管理される、という伝統的なマネジメント・モデルは、もはや効力を失っています。エンパワーされた職場をつくろうとする経営者は、社員を駒のように使う指揮命令的発想から、全社員が自らの責任感に導かれて最善を尽くせるような支援的発想に頭を切り替えなくてはなりません。

エンパワーメント重視の経営へと舵を切りたければ、組織というものについての認識を大胆に変えなくてはなりません。経営者も社員も、杓子定規な階層意識を捨て、エンパワーされることを学ぶ必要があります。しかし残念ながら、ビジネスリーダーの多くは、人間がもともともっている力を引き出すのがエンパワーメントだということを理解しておらず、エンパワーメントを実現させる道筋も知らないようです。

本書はハウツー本です。苦境に陥ったひとりの経営者の物語を通して、エンパワーメントを成功させるための3つの鍵を読者に提供します。主人公と一緒に「エンパワーメントの国への旅」をたどることによって、あなたも同じ旅を体験できるでしょう。そこには、あらゆる冒険物語につきものの逆説《パラドックス》や困難《チャレンジ》、予期せぬ障害や展開があり、現実のマネジメントに役立つヒントがちりばめられています。本書が提供する実用的でシンプルな考え方は、民間企業でも公的機関でも、経営トップでも部下をもたない一般社員でも、それぞれが直面する状況のなかで活用することができるはずです。

エンパワーメントを一時的な流行と考えて、取り合おうとしないマネジャーが少なくありませんが、私たちは、組織で働く人は職位や役割にかかわらず自ら進んで仕事に取り組める環境を望んでいるということを発見しました。

私たちは、エンパワーメントを成功させた組織をこの目でたくさん見てきました。15年以上にわたり、大小さまざまな組織と密接な関係を保ちながら仕事をしてきましたが、その取り組みから、エンパワーメントとは何か、どうすれば実現できるのかについて、多くのことを学びました。それらの組織が最初から答えをもっていたわけではなく、私たちがもっていたわけでもありません。そうではなく、私たちは失敗を通して、本書で説明しているエンパワーメントの3つの鍵を学んだのです。

この新版では、新たに序文を追加し、エンパワーメントがすでに一時的流行の段階を脱して、激しい競争下での効率的経営に不可欠なものに変わったことを説明しています。また、技術面での目覚ましい進歩をふまえて、本文と登場人物に変更を加えました。そして最後に、新たにエピローグを加え、エンパワーメントが容易ではないことを改めて強調するとともに、有益な考え方をいくつか提供しています。

エンパワーメントは必ず実現できます。しかし、途中で挫折してしまわないためには強い意志が必要です。もし、みなさまがエンパワーメントをめざして歩みはじめられたのなら、道を逸れることなく最後まで歩き通してください。本書が教える3つの鍵を忘れなければ、エンパワーメントをめざす旅は歩みやすいものになるはずです。

みなさまの成功をお祈りします。

ケン・ブランチャード
ジョン・P・カルロス
アラン・ランドルフ

新版のための序文

ビジネス書のベストセラーを書く喜びのひとつは、読者からの感想や感謝の言葉を聞くことです。しかし残念なことに、エンパワーメントの場合は、多くの組織がそれを一時的なブームで終わったと考え、今日のハイテク化されたビジネス環境のなかでは大して役に立たないものとして退けてしまっています。

私たちはそのような見方には同意しません。それどころか、いま、エンパワーメントはこれまで以上に必要とされていると考えています。

情報コミュニケーション技術とインターネットの進歩により、世界への扉が開かれ、企業は市場の変化に素早く対応できるようになりましたが、成功と効率の基準も厳しくなってしまいました。無数の企業の失敗からわかるように、気の利いたアイデアや利益創出の手段があっても、継続的な成功が約束されるわけではありません。イノベーションとコスト・コントロールの両方を実現できない企業は、あっという間に市場から退出しなくてはならなくなったのです。

今日の企業は、複雑さとダイナミックさが増す世界で成功することが求められています。グローバル経済の進展により、多くの新市場にアクセスできるようになりましたが、同時に、文化の違いを理解し、どこから現れるかわからない競合への警戒を怠らないことが求められるようになりました。

技術的環境の変化によって、製品、サービス、価格、宣伝戦略など、あらゆる要素の変更が容易になった反面、複数の要素がからんで起こる失敗の可能性も目眩《めまい》がするほどの速さで高まっているのです。

そこに、労働力の多様化、市場の多様化、自然環境に配慮する責任、企業倫理からの要請、世界各地で起こる政治経済の激変などがあいまって、ビジネス環境は厳しさを増し、企業はもてる人間の力を最大限に引き出して、総力戦を挑まなくてはならない状況に置かれています。

多くの経営者が、社員は無限の可能性を秘めた最大の資産であると言いますが、相変わらず、テクノロジーと表計算ソフトに頼った経営を行っているのが実状です。私たちは企業経営にたずさわるみなさまに、社員の能力をソリューションのひとつに加えることをお勧めします。人間は経験と知識とモチベーションというかたちで驚くべき力をもっています。エンパワーメントはそれを認めることから始まります。社員の力が解放され、企業が直面する課題へと向けられたとき、もたらされる結果はまさに驚異的です。組織がエンパワーされたとき、意欲あふれる社員の存在によって企業の柔軟性が増し、すぐれた顧客ニーズ対応、イノベーション、財務の健全化が実現するのです。

無数の企業の事例から見て、エンパワーメント（empowerment）には副作用もなく、非の打ちどころがありません。これを起業家精神（entrepreneurship）と呼んだり、オーナーシップ（ownership）、エンゲージメント（engagement）、あるいはたんにインボルブメント（involvement）などと呼ぶ人もいますが、すべてに共通しているのは、**組織のメンバーがもっている知識、経験、モチベーションの力を解放し、驚くべき成果を上げる**ことの必要性に注目しているということです。

エンパワーメントを完全に理解することは難しく、実行はもっと困難です。ところが、エンパワーメントなど簡単で短期間で実現できると考えているリーダーが少なくありません。

トップが軽い一押《ナッジ》しを加えれば、社員はその機会に飛びつくと言うのです。

残念ながら、個人にも組織にも歴史があり、抜きがたい前提や思い込みがありますから、事はそんなに単純には進みません。本書の旧版を書く前からわかっていたことですが、世界中の読者の反応からも確認できたことは、エンパワーメントを実現させるのは並大抵のことではないということです。

それでも、もちろんエンパワーメントは実現可能です。

たとえば、エンパワーメントの企業文化が定着した企業に、高級食品小売チェーンのトレーダー・ジョーズ社があります。従業員と多くの情報を共有し、彼らが自律的に行動できる業務範囲を広げ、責任を重くすることで、26パーセントを超える年間売上増加率を叩き出しました。エンパワーメントに取り組んだ8年間で、1店舗当たりの売上げを年率10パーセント、店舗数をほぼ100パーセント、総売上げを500パーセント以上も引き上げることに成功したのです。社長のジョン・シールズは「エンパワーされた社員がいなければ、各州に増え広がっていく店舗を経営することは不可能」とコメントしましたが、まったくその通りです。

エンパワーメントを真に進めることに成功した意外な組織は、IRS（合衆国内国歳入庁）

ロサンゼルス支庁の収税局です。役所にできたことが、あなたの会社でできないはずがありません。同局は、全職員の能力を把握し、サービス重視でやっていくというメッセージを明確に打ち出し、全員が一丸となることに注力しました。12の町で職員集会を行い、全職員に自分の行動を見直すことから始めなくてはならないというメッセージを伝えました。職務遂行評価を行い、その結果について話し合い、納税者と接するときに「われわれ対彼ら」という対立的姿勢で臨むことをやめさせ、全職員がチームとして取り組める具体的な目標を与えたのです。彼らの取り組みはまだ道半ばですが、ここまでの成果からは、やがて彼らが「エンパワーメントの国」に到達するであろうことがうかがえます。彼らの努力が継続されることを願ってやみません。

情報を共有し（4章）、自律的に働ける範囲を明確にし（5章）、セルフマネジメント・チームをつくることで（6章）、多くの組織がエンパワーメントの実現に向かって前進し、ビジネスの課題克服に向けて確かな成果を上げています。私たちは、すべての企業とそのリーダーたちがこれと同じようにエンパワーメントに着手されることをお勧めします。

エンパワーメントに着手しないということは、たんに流行の経営手法を無視するということにとどまりません。あなたの会社に今日の成功をもたらし、明日の成功を約束するツールを無視するということなのです。どうか、そのような意識をもって本書を読んでください。

エンパワーメントの実現には多くの困難があり、道は平坦ではありませんが、その苦労を埋め合わせて余りある成果——高い品質、よりよいサービス、強い競争力、低コスト、顧客ニーズへの柔軟な対応、自分ごととして仕事に取り組む優秀な社員たちなど——が手に入ることを私たちは知っています。

どうか確信をもってエンパワーメントへの道を進んでください。その道中で、変化のプロセスを楽しんでください。エンパワーメントはすばらしい境地です。そこに至る途上には、困難だけでなく報酬もあります。どうか楽しみながら歩みつづけてください！

ケン・ブランチャード
ジョン・P・カルロス
アラン・ランドルフ

I
どうすれば会社はよくなるのか

1 新社長の悩み

雨が強く降りつづいていた。ときおり突風が吹き、社長室の窓に派手な水しぶきが上がった。雨音を聞きながら、マイケル・ホブスはもの憂げな笑みを浮かべた。マイケルは中堅家庭用品メーカーの社長兼ＣＥＯである。会社は順調な時期もあったが、このところ思わしくない状態が続いていた。荒れた空模様のせいで、会社が置かれている苦況に意識が向いてしまったようだ。

１年あまり前に社長に就任したとき、とくに考えることなく、それまでの自分のやり方を踏襲し、財務に目を光らせ、あらゆる意思決定を自分で行った。

マイケルはＭＢＡで学んでいたころから、積極果敢で実行力があるという評判だった。会社がうまくいっていなければ、原因のほとんどはトップのリーダーシップ不足である、というのが持論だった。何事も部下任せにしないマイケルが、その考えで現場に介入しはじめるのに時間はかからなかった。決めるべきことは決めたし、事態も掌握しているつもりだったが、社長就任後、なぜかそれまでのやり方がうまくいかず、頭を悩ませていた。

さらに激しさを増した雨が窓を叩いた。我に返ったマイケルは、デスクの上の額を見つめた。役員会が推薦したコンサルタントから贈られたものだ。

マイケルには、そこに書かれている言葉が目障りになってきていたが、捨ててしまうほどずうずうしくもなかった。額には次のように書かれていた。

過去に成功をもたらした考え方が、
将来も成功をもたらすとは限らない。

そのコンサルタントは、会社が求めた報告書を提出した後で、その額をマイケルのデスクに置いたのだった。報告書は、家庭用品業界、競争環境、そして会社の現状を調査分析したものだが、結論部分で「まず、経営者が考え方を変えなくてはならない」という耳の痛い指摘をしていた。額を見るたびに、その指摘が思い出された。

役員たちはマイケルに、このコンサルタントを雇うよう迫った。家庭用品業界の環境は急速に変化しており、社長ひとりですべてを掌握するのは無理だというのがその理由だった。役員たちは、マイケルには助けが必要だと感じていたのだった。マイケルは断固拒否し、コンサルタントを雇うことはなかったが、報告書のなかに傾聴に値する指摘があることは認めざるをえなかった。

あいまいさを排した言葉づかいで、報告書は警告を発していた。

「会社が考え方、組織構造、プロセス、行動のすべてを刷新し、以下の4つの組織特性を備えないかぎり競争に負けることは避けられない」

1　顧客第一、品質第一

2　高収益性と低コスト構造

3　市場の変化への迅速かつ柔軟な対応
4　継続的イノベーション

もう何度も繰り返したことだが、マイケルはもう一度、これら4つについて会社の現状に思いを巡らせた。

1　顧客第一、品質第一

指摘されるまでもなく、今日のマーケットでは、事業の成功は顧客に始まって顧客に終わる。しかし多くの会社が、顧客の視線で品質や信頼性を考えることを忘れてしまっている。ＤＩＹ（Do It Yourself）志向で市場が拡大した業界にあって、マイケルの会社にも他社にも、新製品は競合他社と同程度のペースで開発できれば十分――先行できればなおよいが――という慢心が生まれていた。しかし、市場の変化により、品質に対する要請が生まれ、業界の横並び体質は維持できなくなった。そこに、目もくらみそうな変化のスピード、事情に通じた顧客の出現、多様な商品であふれるグローバル市場といった条件が加わった。そんな事業環境をふまえ、報告書は、「顧客のウォンツ（欲求）やニーズ（必要）に応えられない企業は、二流にとどまるか、市場から淘汰される」と強調していた。

2 高収益性と低コスト構造

この点についてマイケルに異論はなかった。これまでもマイケルは、つねにコスト・コントロールに注意してきた。技術革新はなやかなりしころ、多くの企業が売上至上主義に走る間違いを犯した。コストが増加し、そこに容赦ない価格競争が追い打ちをかけた。企業の利益は薄皮一枚となり、わずかなきっかけであっけなく赤字に転落した。今日、企業が高収益性と低コスト構造を確立しなくてはならないことは火を見るより明らかだった。

3 市場の変化への迅速かつ柔軟な対応

この指摘について考えると、マイケルはグローバル経済のなかで会社の舵を取る難しさを突きつけられる思いがした。世界のどこかで発生する顧客の要求に引っ張られて市場は目まぐるしく変化する。技術進歩によって競合はどこからでも出現するようになった。それに対処できなければ、売上げも市場シェアも大幅に低下する。

報告書は、顧客のウォンツとニーズが急速に変化するので、意思決定や実行に時間をかけることは命取りになりかねないと指摘していた。経営陣が必要な情報を集めて意思決定し、それを組織の各階層に徹底させているうちに、顧客はとっくに姿を消してしまう。かといって、だれかれなく自由に意思決定をしはじめたら、会社は混乱し、コストが跳ね上がるだろう。彼の懸念は会社が抱えるジレンマの表れでもあった。

顧客は、自分が接する社員――カウンターや電話口の向こうにいる社員――がその場で意思決定し、問題を解決し、自分のために迅速に動いてくれることを望んでいる。その場で決定できるほうがよいことは明らかで、マイケルもしぶしぶながらその点は認めはじめていた。だが、会社がそんなふうに目まぐるしく変わるようになったら、CEOである自分はどうやって会社をコントロールすればいいのかわからなかった。部下に任せていたら、ミスが多発して巨額のコストがかかるのではないかと恐れた。

4 継続的イノベーション

このごろ、どこに行っても、会社は「学習する組織」でありつづけなくてはならないという意見を聞く。そのためには全社員が、昨日より今日、今日より明日のほうがよくなっている企業というビジョンを共有しなくてはならないと言われる。だが、つねに進歩し自らを乗り越えつづける組織をつくるなどということは容易ではない。まして、社員の力でイノベーション——仕事の進め方であれ、製品やサービスであれ——を起こしつづけることは至難の業といえる。しかしマイケルには、そうしたイノベーションを起こせない会社は死んだも同然だということもわかっていた。

そこまで考えてきて、マイケルはますます心配になった。たしかにコンサルタントの提案は正しい。会社を生き残らせるには、**顧客と品質を最優先し、収益性とコスト効率を高め、市場変化に迅速かつ柔軟に対応し、イノベーションを継続しなくてはならない。**だが、どうすればそんなことができるというのか?

そのためには全社員を目標に向かわせる方法を見つけなくてはならない、と何度も聞かされた。社員には、自分が会社のオーナーであるかのような自覚をもって、あるいは起業家の気概をもって、仕事に取り組んでもらうことが大切だというのだ。社員のなかで眠っている創造的エネルギーを解き放ち、それでいて会社をコントロール不能にしてはならない。社員にはスキルと能力をフルに発揮させ、行動し決定する責任を与え、会社が先の4要件を満たすために働いてもらわなくてはならない、というのである。

そう考えたとき、「エンパワーメント」という言葉が浮かんだ。マイケルにはこれが必要だとアドバイスしてくれた人もいた。しかし、それならマイケルはすでにさんざん試み、ほとんど成果が上がらないという結果も見ていた。

6カ月前、マイケルは会社の組織階層を減らした。そして、社員はだれでも自分で意思決定を行ってよいと通達し、よりよい顧客対応、コスト管理、売上増大、イノベーション体質の維持をめざすよう奨励した。経営陣には、このルール変更の効果をフォローしつづけるよう指示を出した。

マイケルは考えにふけった。あれから6カ月経ったが、なにも変化していないように思える。激しく降る雨を見やりながら、自分の仕事に責任をもつという社員の気概はどこに行ってしまったのだろうと思った。もはや社員のなかには、会社や仲間に貢献したいという思いはなくなってしまったのだろうか?

残念ながら社員の行動は、階層を減らす前の官僚主義的な気分のままで、なんの変化も見られなかった。やる気を発揮してチャレンジする者はごく少数だった。だれかがそんな行動を起こした場合でも、結果についての見通しが甘いせいか、しばしば問題が起き、元に戻さなくてはならなかった。落胆の空気が職場に立ちこめていた。

マイケルは社内を歩いて職場を診断した。社員グループとミーティングを行い、現場の状況について質問をしたが、エンパワーされた社員の行動を見ることはできなかった。実際のところ、社員たちは相変わらず無気力で型にはまった考え方に支配されていた。

エンパワーメントの必要を説くさまざまな議論を聞いて、マイケルは、社員に意思決定の権限さえ与えれば自然に変化が起こると思っていたが、そんな簡単な話ではなかった。会社中どこを見渡しても、社員の顔には変化を拒む「ノー」という文字が書かれているようだった。社員たちにとって、「エンパワーメント」など、ただの言葉遊びにすぎないのかもしれない。そう思うと、マイケルは腹立たしかった。たしかに、それは会社の助けにはなっていなかった。

マイケルは、エンパワーメントというのは数あるビジネスの流行語《バズワード》のひとつにすぎないのかもしれないと思った。一見、社員たちは自分の能力を使うことや、自由な意思決定を望んでいるように見える。たずねれば、もっと自分から仕事に関わっていきたいとも言う。それなのに、なぜ実際にそうならないのだろう？　どこが間違っているのだろう？　これ以上、会社の状況が悪くならないうちに、マイケルはなんとしても原因を探り当て、問題を解決しなくてはならなかった。

2 エンパワー・マネジャーとの出会い

デスクの上にあった雑誌の記事が、マイケルの目にとまった。タイトルが彼の注意を引いたのだった。

「エンパワーメントは1分間では実現できない」

いまやエンパワーメントには懐疑的なマイケルだったが、興味をそそられて記事を読みはじめた。そこには、エンパワーメントは有効であること、しかし実現するためには勇気と時間が必要であることが書かれていた。

記事には、社員にエンパワーされた行動をしなさいと指示だけしても、その通りにはならないと書かれていた。それはまさに、この6カ月間、マイケルが実感していたことだった。エンパワーされた行動を奨励されても、それまで自分で意思決定したことのない社員にはどうすればよいかわからない、とも書かれていた。社員は自分の仕事に関わることは自分で決めたいと言うかもしれないが、責任に伴うリスクに居心地の悪さを感じるはずだということにも言及していた。

その記事は、社員のエンパワーメントに成功した企業として、ある通信機器メーカーを取り上げ、称賛していた。その会社は、通信技術に対する市場の要求に対応できずに低迷したが、V字回復を遂げたらしい。社員のモチベーションを見違えるほど高めた立役者として、サンディ・フィッツウイリアムというCEOのことも紹介されていた。その会社の社員は意欲にあふれ、まるで自分が会社のオーナーであるかのように行動しているという。記事はフィッツウイリアムに〈エンパワー・マネジャー〉の称号を与えていた。

これはなんとしても会って話さなくてはならない、とマイケルは思った。これまでに相談したコンサルタントは、だれも実際には自分で会社を経営したことがなかった。だが、このフィッツウイリアムという人物となら、実務をふまえた話ができるかもしれない。

彼に会って話を聞くのは、いいアイデアだと思った。だが、フィッツウイリアムの連絡先をたずねるための電話をしながら、マイケルにはためらいもあった。人の助けを必要としていることを認めるのが嫌いな性格だったからだ。ドライブしていて道に迷ったときも、クルマを停めて道をたずねようとしないので、よく妻を怒らせた。自力で正しい道を見つけようと頑固に運転しつづけるのがつねで、二進《にっち》も三進《さっち》もいかなくなって、ようやく最後の手段としてクルマを停めて道をたずねるような性格だった。

「最後の手段に頼るしかないか」とマイケルは考えた。「私が自力で高収益企業にする方法を見つけるまで、役員たちは悠長に待ってはくれないだろう」

そう考えることで自分を励まし、マイケルはエンパワー・マネジャーに電話をかけた。

2度の呼び出し音の後、「もしもし」と答える女性の声が聞こえた。

「サンディ・フィッツウイリアムさんをお願いします」とマイケルは頼んだ。

「私です」という答えが返ってきた。

マイケルは面食らって言葉に詰まった。フィッツウイリアムが女性だとは思っていなかったからだ。

サンディ・フィッツウイリアムからの質問が沈黙を破った。

「もしもし、聞こえていますか？」

「あ、はい、その……」マイケルは口ごもった。

「ご用件はなんでしょうか？」

ていねいな口調だった。

マイケルは忙しく考えをめぐらせた。人に助けを求めるのは気が進まなかったし、思わず電話を切りかけたほどだが、結局、ためらいながらも、自分の状況を説明し、アドバイスをいただきたいと電話の向こうの人物に頼んでいた。

「最近、組織をスリム化して、意思決定の権限を現場に委譲しました。ねらいは社員の自主性を促し、顧客対応を迅速化することにありました。ところが社員は、あいかわらず上の人間に決めてもらいたがります。エンパワーメントについても、さんざん話して聞かせたのですが、なぜかどうしても……」

「もしもし、あの……」

「失礼しました。マイケル・ホブスと申します」

「ホブスさん、どういう問題が起こっているのか、具体的に話していただけますか？」

マイケルは一瞬考えに詰まったが、手短かに答えた。

「社員が物事を自分で決めようとしないのです」

「なるほど。では、ちょっと質問させてください。あなたはこれまでに、買い物に行ったのに、店に着いたときにはタッチの差で閉店時間が過ぎていた、という経験はありませんか。どうしても買いたいものがあるのに、ドアは閉まっている。店内には店員の姿が見える。そこであなたはドアをノックするけれど、だれもこっちを向いてさえくれない……いかがですか？」

「つい先週、まったく同じようなことがありました」とマイケルは答えた。

「悪いのはだれだと思いますか？　そのとき、だれに腹を立てましたか？」とサンディ。

「もちろん店員です。店長はその場に居ませんでしたから。店員たちは時計を気にしながら、店を閉めようとそわそわしていました。客である私のことなど眼中にないようでした。さっさと帰りたかったんでしょう」

「それは違います」サンディがマイケルの話に割って入った。

「違うって……どこが違うんですか？」マイケルは、やや身構えてたずねた。

「店員が早く帰りたがっていたというのは、その通りでしょう。違うと言ったのは、腹を立てる相手が違うということです。よくないのは店のオーナーです。店員にオーナーシップ――これは自分の店だという意識――をもたせていなかったということですからね。店員にオーナーシップがあればドアを開けたはずなのです」

マイケルが考えを巡らせていると、サンディが話を続けた。

「もうひとつ質問させてください。もし社員が自分で選べるとしたら、立派な仕事をしたいと思うでしょうか、それとも、ほどほどの仕事をしておけば十分と思うでしょうか？」

「立派な仕事をしたいと思うでしょうね」

「それは本心ですか？　そう答えるべきだと思って、そう言っていませんか？」

「なぜ、そんなことをたずねるのですか？」

「あなたの根っこにある、嘘偽《うそいつわ》りのない信念を知る必要があるからです。もし人間というものを根底のところで信じておられないのなら、エンパワーメントについてこれ以上お話しすることはないと思うからです」

あっけにとられたマイケルは、内心で〈ずいぶんはっきりものを言う女性だ〉とつぶやきながら、仕方なく答えた。

「それでは言いますが、正直なところ、私はそこまで人を信頼してはいません。階層思考のなかで育ったことが影響しているのかもしれませんし、それがＭＢＡで学んだことや仕事上の体験で強化されたという面もあるかもしれません。たしかに、精一杯がんばって働くという考えにも一理あるかもしれません。でも、よくよく考えればそういうことがあるかもしれないと思うだけで、本能的な直感としては、人間にそれほど責任感があるとは思えません。好きなように働きたいが、うまくいかなかったときの責任は取りたくない、というのが社員のホンネなのではないでしょうか」

「率直に答えてくださって、ありがとう」とサンディ。「自分が変わらなければ世界は変わらないということに気づけば、世界は半分変わったも同然です。エンパワーメントとは何か、あるいは何でないかがわかってくると、そのことをもっと実感できるでしょう」

「すごくためになるお話です」とマイケル。「ところで、じつはこれまで、私はエンパワーメントの適切な定義を聞いたことがありません。私にとってこれまで、エンパワーメントとは『社員に意思決定の権限《パワー》を与える』ということでしたが、私の会社ではうまくいきませんでした」

「そう考える人が多いのですが、真のエンパワーメントは人にパワーを与えることではありません。与えてもらわなくても、人はもともとたっぷりのパワー――知識、経験、意欲――をもっていて、立派に自分の仕事ができるのです。エンパワーメントとは、『社員がもっているパワーを解き放ち、それを会社の課題や成果を達成するために発揮させること』です」

そこまで言うと、サンディは少し口調をやわらげてつけ加えた。

「でも、それを実行するのは簡単ではありません。私もたくさん失敗して、痛い目に遭いながら学びました。

ほんもののエンパワーメントには、その核心に、オーナーシップの感覚があります。オーナーシップというのは、この会社は自分の会社、この仕事は自分の仕事というふうに、すべてを自分のこととして主体的に向き合う態度です。それはトップ・マネジメントの社員に対する考え方を変えることから始まります。『社員なんて、毎朝、どうやって時間をつぶそうかと考えながら出勤しているんだろう』などと思っているトップがまだまだ多いのです。そこを変えなければ何も始まりません」

「身も蓋もありませんね。そこまで社員を信用していないリーダーがいるのでしょうか?」

「心のなかのことはわかりませんが、彼らがやっていることと部下の反応を見れば、社員を信用していないリーダーが多いことはわかります。

問題は、社員にベストを尽くす意思や能力がないことではなく、ベストを尽くすことを怖がっていることなのです。ほとんどの組織は、社員を励まして正しい行動を促すのではなく、間違いを見つけて懲らしめることばかりに意識が向いています」

しばし黙考し、マイケルは口を開いた。

「なるほど、おっしゃる通りです。私もそんな組織をたくさん見てきました……いや、よその話ではなく、私の会社にも同じ問題があります」

ふたたびマイケルは黙って考えていたが、ややあって言葉を継いだ。

「会社が生き残りたければ、社員が自分に誇りをもち、恐れることなくベストを尽くせる会社にしなくてはいけないということですね。

それはわかったのですが、私には、エンパワーメントで私の会社がそこまで一変するとは、どうしても思えないのです」

「正直な感想だと思います」とサンディは言った。「お話から、あなたが本当に満足できるのは、ほかでもない、社員のみなさんが自ら責任をもって行動してくれたときなのだなと感じました。最後までやり抜くハングリーさもあり、平凡な会社では満足されない経営者でいらっしゃるようです。

そんなあなたに肝に銘じてほしいのは、エンパワーメントはトップダウンの取り組みであり、価値観に立脚して進めるべきものだ、ということです。だからこそ最初に、あなたが社員をどのように見ているかという価値観をたずねて、テストさせてもらったのです。あなた自身やあなたの会社のマネジャーのみなさんが変われないのであれば、社員のためにエンパワーメントの企業文化をつくることは難しいですからね」

マイケルはおそるおそるたずねた。

「それで、私は合格でしょうか？」

「きょうのところは合格です。こんどの火曜日、午後2時に私のオフィスに来ていただけますか？」

マイケルは素早く予定表を見て、「わかりました、火曜日にうかがいます」と答えた。

電話を切る前に、サンディがつけ加えて言った。

「では、そのときに。あなたとあなたの会社がエンパワーメントの国に旅立てるか、お話しすればわかるでしょう」

翌週の火曜日、午後2時少し前に、マイケルはサンディ・フィッツウイリアムの会社の駐車場にクルマを停めた。エンジンを切ると、助手席に置いてあったタブレットを手に取り、ディスプレイの文字を読んだ。先週、エンパワー・マネジャーと電話で話をしたあとで要点を書いたひと言だった。

エンパワーメントは
トップの考えから始まる。
トップが考えを変えなければ
始まらない。

3 エンパワーメントの国

「どうぞ、お入りください」

サンディの部屋の前のデスクに座っていた女性は、マイケルに気づくと、にっこり微笑んで促してくれた。

エンパワー・マネジャーは窓のそばに立って外を眺めていたが、マイケルが部屋に入ると、振り向いて手をさしのべてくれた。しっかりした握手だった。

「はじめまして。サンディ・フィッツウイリアムです」

「時間を割いてくださり、ありがとうございます」とマイケル。

「喜ぶのは早いかもしれませんよ。お手伝いできるかどうか、まだわかりませんから」と言いながら、サンディは表情を引き締めた。「先週、電話で私が言った言葉を覚えていますか？」

マイケルはしばらく考えてから答えた。

「……正直なところ、覚えていません」

「旅という言葉を使ったはずです」

「ああ、そうでした。たしか、〈エンパワーメントの国への旅〉ということでしたね。まるでディズニー・ワールドみたいです。でも、どういう意味でそう言われたのか、よくわかっていません」

「エンパワーメントの国というのは、おとぎの国ではなく、現実の国です。どんなところだと思いますか？」

頭を忙しく働かせながらマイケルは答えた。

「〈旅〉というからには、たどり着くのに時間がかかりそうです」

サンディがうなずいた。

それに勇気づけられてマイケルは話を続けた。

「冒険物語という連想も働きます。険しい山を越え、深い森のなかを進んで行くイメージですね。思いがけないことも起こりそうだし、たくさんの試練が待ちかまえていそうです。だいたい、こんなところです」

「いい連想ですね」とサンディがうなずいた。「では〈エンパワーメントの国〉という言葉についてはどうですか？」

「いま住んでいる所とは違う国のような感じがします。それは確かですね。人びとの習慣も、私が生まれ育った国で身につけたものとは違う。いわば異国ですね」

「とてもいい答えだと思います」

サンディは満足の笑みを浮かべながら、話を続けた。

「電話では、エンパワーメントの効能に疑問がおありのようでしたが、どうやら大事なポイントをつかんだようですね。つまり、エンパワーメントは実現までに時間がかかること。それにたいへん難しいということです。とくに『異国』という表現が気に入りました。まさにぴったりです。エンパワーメントをめざそうとするとき、古い自分の考え方が邪魔になります。テクノロジーの面では現代的で洗練された世界に住んでいる私たちですが、こと人間や組織については旧弊で稚拙な考えにとらわれているからです」

「そんなに難しいことなんですか？」とマイケルはたずねた。

サンディがその質問に答えず、じっと自分のほうを見たので、マイケルは言葉をつけ加えた。

「いえ、難しいことはわかっています。簡単だったら、こうしてここに相談に来ることもなかったわけですから。難しいからこそ、うまく使える定型的な方法があれば教えていただきたいのです」

サンディは笑みを浮かべて言った。

「私としては、出来合いの方法を教えて、箇条書きにした注意事項を渡して〝では頑張ってください!〟と言って終わりにすることもできます。でも、それでは、かえってあなたの足を引っ張ってしまうことになります。

もうおわかりのように、社員に自分で考えて仕事をしてほしいと伝えても、どうしたらよいか彼らにはわからないのです。無理もありません。異国ですから。彼らはまだエンパワーメントの国の言葉も話せないし習慣も知らないのです」

マイケルはうなずきながらメモを取った。サンディは、マイケルが顔を上げて自分のほうを見たので話を続けた。

「もちろん、あなたも言葉を話せないし、習慣も知りません。

あなたもあなたの会社の経営陣も、社員をエンパワーする方法を知らないだけでなく、エンパワーされた社員の扱い方も知らない。だから、まったく新しい管理のやり方を学ぶ必要があります。部や課といった業務別組織ではなく、プロジェクト・チームや部門横断型《クロスファンクショナル》チーム、あるいはもっと進んでセルフマネジメント・チームを管理する、新しい方法を学習しなければならないのです。

先日、私が話したことを思い出してください。『エンパワーメントとは人にパワーを与えることではない。人はもともとパワーをもっている』と言いましたね」

マイケルがうなずくのを見て、サンディは壁に掛けてある大きな額を指さした。そこには次ページのように書かれていた。

マイケルの真剣な表情から、彼がこの言葉の意味を深く考えていることがサンディに伝わった。

「エンパワーメントの国への旅は時間がかかります。あなたやあなたの会社のみなさんは何度も試練に遭います。効果がなく、途中でいやになるかもしれません。挫折も味わうことでしょう。

あなたにしても、ほかの人にしても、『なぜこんなことを始めたんだろう？』とか、『そ

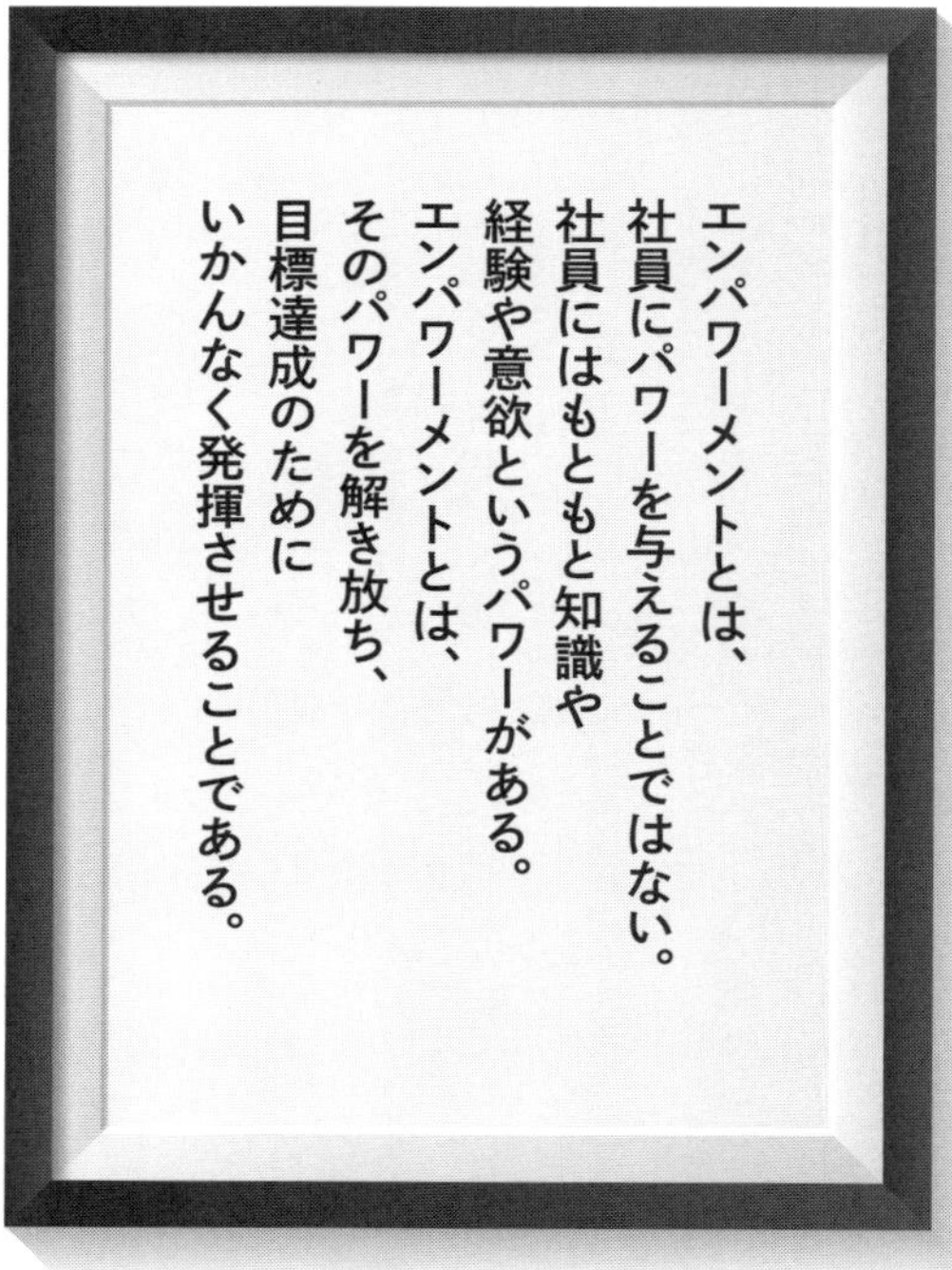

エンパワーメントとは、
社員にパワーを与えることではない。
社員にはもともと知識や
経験や意欲というパワーがある。
エンパワーメントとは、
そのパワーを解き放ち、
目標達成のために
いかんなく発揮させることである。

もそも自分たちが目指していることに価値があるのだろうか?』といった疑念さえ抱くかもしれません。

旅を続けるには、まず信念をもつことが何よりも大切なことです。この旅を心から信じ、最後までやりとげるという信念です。自分の会社をもっといい会社にするんだという純粋な願いです」

サンディは話を続けた。

「ところで、絶対間違いないと思って実行したけれど、あとから、やり方が全然間違っていたことがわかったという体験をしたことはありませんか？」

「何度もあります」とマイケルは答えた。

「エンパワーメントの取り組みでも、同じようなことを経験すると思います。私に会いに来られたのも、いろいろやったことが、うまくいかなかったからでしたよね。組織の階層を減らし、社員に幅広い意思決定の権限を与えたけれど、とてもエンパワーメントできたとは思えないと。

だとすると、いまあなたが自らに問うべきなのは、エンパワーメントについての考えや、組織が機能する仕組みについてのこれまでの考えを、捨て去る用意ができているか、という問いです」

マイケルは質問の意味をかみしめた。

「できているつもりです。あなたの話の意味を正しく理解できているとすればですが」

サンディは言った。

「私自身やほかの多くの人の経験を総合すると、この旅は発見に次ぐ発見の旅のようです。選んだ道筋が間違っていた、という発見もあります。さんざん考えてエネルギーも注ぎ込んだのに、最初からやり直すはめになることもあります」

それを聞いてマイケルは、「だから、旅そのものを信じなくてはならない、というわけですね？」とたずねた。

「その通りです」

「なるほど、わかってきました。エンパワーメントは一日にして成らず。最後まであきらめずにやり抜かなくてはならないと。だとしたら、旅の途中で、間違いなく前進しているかどうかはどうすればわかるのでしょう？　私の会社の役員たちも、きっとそのことを知りたがると思います」

「それはなかなか難しい問題で、よほど慎重に考えるべきポイントが含まれています。旅を始めた当初は、前進はあっても遅々たるものでしょう。注意深く観察し、どんなに小さな進歩や成果でも、ひとつひとつきちんと確認して喜ぶことが大切です。ご存じのように、何をもって成功とするかという指標そのものが変化しています。かつては、だれもが同意する成功の基準がありましたが、変化と生存競争の時代にあっては、もはや伝統的な成功のベンチマークに頼ることはできないのです」

マイケルは自分の考えをぶつけてみた。

「どうやら私は、こんな説明で役員たちを納得させなくてはならないわけですね――目的地に向かって正しく進んでいるかどうかを知るのは難しい、だが前進しているか皆目わからないわけでもないと。道路標識が現れることを期待して、道を探しながら進まなくてはならないということなんですね」

サンディは同意し、さらに話を続けた。

「前進ということで言えば、この旅を続ければ、はっきりとは気づきにくいけれど、大切で長続きする効果が得られることも覚えておいてください。たとえば、エンパワーされた企業文化のもとでは、社員の心にオーナーシップが芽生えます。社員はオープンな気持ちでものごとを受け入れるようになるので、道を間違えたときでも何かしら発見があります。苦労続きでフラストレーションが募っていても、何かしら自分がエンパワーされつつあることが実感できます。旅の歩みそのもののなかに、旅の目的が包含されている状態とでも言えばよいでしょうか」

「すばらしいお話です。ですが、まだ気がかりな点があって、エンパワーメントの考え方に両《もろ》手《て》を挙げて賛同できないんです」とマイケルは話しはじめた。「上司の立場から見れば、部下が十分にエンパワーされてしまったら、さて自分はこれから何をすればいいのかということになりかねません。いいことばかりではないような気がするのです。つまり正直に言いますが、マネジャーたちにしても私にしても、会社をエンパワーするということは、自分の権限《パワー》や統制力《コントロール》はもちろん、職そのものを失うことにならないかという心配があるわけです」

　サンディはうなずき、マイケルのその懸念はもっともだと認めた。

「その恐れは私にもわかります。多くの人が感じる懸念です。私もエンパワーメントに取り組みはじめたころは、失業の心配をしたものです。少なくとも、自分の役割だと思っていた管理業務はなくなるだろうと思いました。それまで私がマネジャーとしてやってきた意思決定を部下が自分でやるようになったら、管理職としての仕事はほとんど残らないと考えたのです。

　でも、そうじゃないことがわかりました。部下をエンパワーしても、管理職の仕事はなくなりません。別の仕事をすることになるだけです。それまでのような指示や統率や監督といった仕事ではなく、部下と組織をつなぐ連結ピンとしての仕事を行うことになるのです」

「連結ピン？」とマイケルは怪訝な面もちでたずねた。

サンディは答えた。

「エンパワー・マネジャーとなった上司の新しい役割は、部下の業務のコーディネート、経営資源の確保、戦略的プランニング、顧客対応、コーチングなど、さまざまなものがあります。なにをするにせよ、部下が才能とエネルギーを伸ばすことを助け、彼らが会社のゴール達成に向けて効果的に働けるように支援することです。つまり、部下たちのパワーと組織の目標をつなぐのが連結ピンの役割なのです。そうなると、もはや部下が上司のために仕事をするのではなくて、上司が部下のために仕事をするということになります」

サンディもマイケルも黙って考えこんだ。マネジャーの新しい役割の大切さに思いをめぐらせていることは明らかだった。

その沈黙をサンディが破った。

「どうぞ私を信頼してください。エンパワーメントについて理解が深まれば、マネジャーの新しい役割についても明確にわかるようになるはずです」

「わかりました――いまのところは」と言ってマイケルは笑みを浮かべた。

「エンパワーメントの国に旅立つ準備はできましたか？」

「ええ、いつでも大丈夫です。どこから出発しましょうか？」

サンディはオフィスのドアを指さした。

「あのドアから出発してください。私の同僚たちが案内させていただきます」

「あなたの同僚？」

サンディはうなずいた。

「この会社で働いている人たちは、職位にかかわらず全員が私の同僚であり、仕事仲間《アソシエート》であり、パートナーです。私は、この会社をすばらしい組織に変えるために自由に働ける環境をつくりましたが、日々の行動を通じて会社を成長させているのは彼らです。ですから、あなたが知りたいことについて、本当に必要な材料を提供できるのは、私ではなくて彼らなのです」

そう言うと、サンディは椅子から立ち上がり、マイケルをドアのほうへと促した。

マイケルは急展開に戸惑ったが、サンディに感謝の気持ちを告げて外に出た。

さっき自分をサンディの部屋に案内してくれた女性がいたので、彼女のデスクに歩み寄って名前を告げた。

「マイケル・ホブスです」

彼女は「存じ上げています」と言ってほほ笑んだ。

「フィッツウイリアムさんの秘書の方ですか？」

「同僚です」という返事がかえってきた。

マイケルは彼女がそう言うだろうという気がしていた。なぜそんな気がしたのだろうと考えていたら、彼女の声が聞こえた。

「アメリア・エンジェルです。なにか私でお役に立てることがありますか？」

「こちらの会社でエンパワーメントがどういうふうに行われているのか知りたいのです。どなたかそのことを話していただける……同僚の方を紹介していただけるでしょうか？」

「ここではだれもがエンパワーメントされた組織の一員なので、だれからでもお聞きになりたい話が聞けると思います」

「それではまず、どなたか現場の仕事をされている方に引き合わせていただけないでしょうか。組織のボトムまで浸透してこそ、エンパワーメントだと思うので」

それを聞いたアメリアが、「少し訂正させてください」とにこやかな笑みを浮かべて言った。「ここでは、お客さまの応対をする社員がトップと見なされているんです」

「なるほど」とマイケルも笑いながら応じた。「それではトップの方からお願いします」

「料金請求部門のロバート・ボーダーズをご紹介しましょう」

アメリアは受話器に手を伸ばしながら言葉を続けた。

「この部署は昨年、すばらしい成績を上げたんですよ。請求ミスを37パーセント減らし、お客さまからの問い合わせ処理時間を50パーセントも短縮したんです。ロバートがお相手できるか確認してみましょう」

Ⅱ

エンパワーメントの3つの鍵

4 第1の鍵 すべての社員と情報を共有する

マイケルは料金請求センターへと向かった。そこは大口顧客対象の請求業務を行っている部署で、現場の仕事ぶりを見てもらうのがいいだろうと考えたロバートが、そこで会おうと指定したのだった。

一見したところ、とくに変わったところのない職場で、コンピュータなどの機器もマイケルの会社と似たようなものだった。従業員さえ同じように見えたが、集中とリラックスがほどよくバランスし、仕事を楽しんでいる空気が感じられた。

どんな話が聞けるのかマイケルには見当もつかなかった。ともかく、学ぶためにこの会社を訪ねたのだから、吸収できることはすべて吸収しようと思っていた。

向こうから若い男性が歩み寄ってきた。

「はじめまして。ロバート・ボーダーズです。アメリアの紹介で来られた方ですね。私でお役に立てることがあるでしょうか？」

「さっきまでフィッツウイリアムさんからいろいろ教わっていたのですが、こんどは社員の方からお話をうかがいたいのです。エンパワーメントについて知りたいのですが、まだ半信半疑のところがありまして。私の会社でもエンパワーメントを根付かせようと、いろいろやってみたのですが、正直、たいした変化が見られません。方法が間違っているのだろうかと思いはじめたところです。もしかしたら、本当はエンパワーメントがわかっていないのかもしれません。エンパワーメントの企業文化をつくるなんて、とてもとても」

「取り組みはじめて、どれぐらい経つのですか？」とロバートがたずねた。

「6カ月です」とマイケル。

ロバートはうなずいた。「はじめはだれだって半信半疑ですよ。自然な反応だと思います。社員にすれば、それまで聞いたこともない話をされて、『とにかく信じてやってみろ』と言われるわけですからね。エンパワーどころか、その正反対の扱いを受けていたかもしれません。最初はエンパワーメントのプロセスも知らないのです。ともかく、WIIFMがまったくわからない状態なわけです」
「なんですか、そのＷＩＩＦＭというのは？」
「What's-In-It-For-Me. つまり、自分にとって何の意味があるのか、手がかりがまったくない状態だということです。部下がエンパワーメントを疑っても責めることはできません。会社は流行を追いかけてさまざまな取り組みをしますから、社員のほうは、これもすぐ終わるに違いないと思っているわけです。

わが社でも社員の受け止め方はそんなものでした。とくにレイオフを体験した私たち若い社員は、会社と自分たちのあいだにあった暗黙の信頼関係が大きく損なわれる体験をしているので、経営者が言うことに強い猜疑心をもっています。

サンディが『私のゴールは、全員が能力を最大限に発揮できる仲間たちの組織をつくることです』と宣言したときも、俺たちをもっと働かせるための新しい方便だろうと思ったものです」

マイケルは考え込んでしまった。

「なるほど、私が笛を吹いたのにだれも踊らなかった理由がわかりました。染みついた考えを変えるには時間がかかるということですね。不信感があればなおさらです」

「そう、時間がかかるんです。私たちも最初のころはサンディに対し、この人は自分が何を言っているのかわかっているのだろうかとさえ思いましたからね。もし本気だとしても、うまくいかないだろうと思いました。でも、いまでは彼女が正しかったことを全員が知っています。

たんに気持ちよく働けるようになっただけではありません。以前より仕事の効率が上がり、成果も現れました。自分自身にも、上司にも、それから会社にも、よいイメージをもてるようになりました。やらされているという感じがなくなり、ここは自分たちの会社だという意識が強まったのです」

ロバートの自画自賛が気になりはじめたマイケルが、思わず口をはさんだ。

「宣言するのは簡単です。でも、それだけでは変わりませんよね。どうやってそんな立派な状態になったのですか？　みなさんのエネルギーがよい方向に向かったのは、具体的な何かが……」

マイケルが話し終えないうちにロバートが答えた。

「情報です。正確で、タイムリーな情報です」

「情報？」ロバートが思わずオウム返しに言った。「どんな情報ですか？　ことさら強調しなくても、社員は会社の情報システムからたくさん入手しているのでは？」

「もちろんです」とロバート。「しかし社員がもっとも必要としている情報は、会社が置かれている状況についての情報です。利益はどれだけ上がっているのか？　コスト管理はできているのか？　予算の進捗状況はどうか？　マーケットシェアは？　生産性は？　不具合や問題は発生していないか？　……つまり、正しい意思決定をタイムリーに行うのに必要な正確な情報を、すべての社員にシェアすることが必要なのです。社長のあなたが必要としているのと同じ情報を、社員と共有することが大切なのです」

　そう言うと、ロバートはシャツのポケットからカードを取り出してマイケルに渡した。そこには、こう書かれていた。

エンパワーメントの第1の鍵
全社員と正確な情報を
共有すること。

それを読んでマイケルは言った。

「ちょっと待ってください。会社の業績全般に関する情報を、会社の全員と共有するというのですか？　危なくありませんか？　好ましくない事実を社員に知られてしまったらどうするのですか？　混乱して収拾がつかなくなりませんか？　私の会社では怖くてそんなことはできません。すべての情報など知らせてくれなくてもいいと考える社員もいるだろうし、そもそも共有すべきでない情報だってあるはずです」

「そうお考えなら、組織のエンパワーメントはできないでしょう」

ロバートは強調のために間をおいて言った。

「いいですか、私はあなたが企業のCEOであり社長であることを知っています。サンディのような考えのCEOを知らなかったら、肩書きへの遠慮から、いまのような物言いはできなかっただろうと思います。階層組織特有のマインドセットと思い込みに由来する、そんな時代錯誤の序列意識こそが、まさにエンパワーメントを妨げているのです。

職階における上位者と下位者のあいだに線を引くような認識は、ビジネス世界ではもはや役に立ちません。それどころか、完全に成功の足枷《あしかせ》になります。現在、ビジネスの成功はチームとしての努力にかかっているのですから。私たちには、全社員がしっかり働ける環境を提供できる技術《テクノロジー》があります。しかし、人と組織についての間違った思い込みが、それを最大限に活用する道を閉ざしてしまっているのです。この会社でも最初は確かにそうでした」

マイケルは腕組みをして、ロバートの話を聞いていた。自分の会社には役に立ちそうもないと感じていることが表情に浮かんでいた。だが、しばしの沈黙のあと、相づちを打って話の続きを促した。

ロバートはマイケルから視線をそらさず、ゆっくりと話しはじめた。

「ここまでにしても結構ですよ。私の話を否定するのはご自由ですが、正確で詳細な情報を共有しなければ、社員は会社を成功させるためのパートナーになってくれないし、組織のエンパワーメントを実現することもできません。それは間違いありません。自社と自社を取り巻く市場についての情報を共有することは、社員をエンパワーして企業内起業家になってもらうために絶対不可欠です。情報共有がエンパワーメントを成功させる第1の鍵だというのは、こういう理由によるのです」

「考え方を根底から変える必要があるということですね。脳の入れ替え手術を受けなくてはいけないような気になりました」とマイケルはぎこちなく笑った。

「よくわかります。リーダーならだれでも、心に染みついた習慣や伝統と戦わなくてはなりませんからね。ある意味、信念の跳躍《リープ・オブ・フェイス》を求められているということです。エンパワーメントへの第一歩が踏み出される最重要地点は、リーダーの心のなかなのです」

「私にとっては間違いなく大きな第一歩になりそうです」と、マイケルはきっぱりとした口調で応じた。

「そうでしょうとも。いまあなたは、経営者として、私たちが〝大転換《ビッグ・ターン》〟と呼ぶ変化にさしかかっています」とロバート。

「大転換……いったい何のことですか？」

「突然起こった情報の爆発的増加によって、あらゆる方面で伝統的な壁が全面的に崩壊していることです。なんであれ情報というものは、世界に存在するあらゆる壁を打ち壊す働きをします。それが現在、あらゆる組織や制度のなかで、おそるべき速さで一気に進行しているのです。

たとえば、東西を分けていた鉄のカーテン、ベルリンの壁、南アフリカのアパルトヘイトといったコミュニケーションの障壁は、世界がその崩壊を知るはるか前から崩れはじめていました。なぜでしょう？　だれがどう頑張っても、もはや情報の流れをコントロールすることはできないからです」

マイケルが考えながら話を引き継いだ。

「そこに1990年代のインターネットの爆発的成長が到来し、情報の流れはさらに制御不能になりました。いまやだれもが、将来の市場動向や社会の出来事についてだけでなく、自社の状況に関するあらゆる情報を入手することができます」

ロバートが同意して言った。

「おっしゃる通りです。社員はあらゆる種類の情報を入手でき、隠すことなどできないのですから、会社にとっては、自社について正確かつタイムリーな情報を社員に提供することがますます大事になってきているのです。一方、マネジャーにとっては、多くの情報を共有することにはリスクがともないます。彼らは人事や法務、証券規制法などのルールに抵触することを恐れています。コントロールできなくなるのが心配なのでしょう。たしかに情報共有には勇気が要ります。機密性の高い情報ならなおさらです。でも、まわりを見渡して、他社がやりはじめて不安が解消されるのを待っていたのでは手遅れになります。信念の跳躍、エイヤで実行するのです。不安解消はあとからついてきます」

「つべこべ言わずにやれ、ということですね」とマイケル。「でも、部外秘情報についてはどうすればいいのですか？」

「部外秘情報とは何ですか？」とロバート。

「もちろん、部外者に対してガードのかけられた情報のことです。特定の人間しか知ることが許されていない機密性の高い情報です」とマイケルは説明した。

「ではたずねますが、あなた自身がその部外秘情報にアクセスすることを禁じられた部外者だったらどう感じると思いますか？　パソコンのキーを叩けば出てくるとわかっている、すぐそこにある情報へのアクセスを禁じられたとしたら」

予期せぬ問いに不意を突かれたマイケルだったが、しばしためらった後に、にっこりして答えた。

「まあイラッとするでしょうね。のけ者にされた気分になりそうです」

「きっとそう感じると思います」とロバートは笑った。「情報を制限するということ自体が、いろいろなメッセージを相手に伝えてしまうのです。情報を制限された人は、たとえば、自分は会社の動きから取り残された、信頼されていない、情報を与えたら悪用すると思われている、情報の意味を理解できないようなバカだと思われている……などと考えるのではないでしょうか」

「自分は信頼されていないと思うわけですね」とマイケルは反復した。正確でタイムリーな情報共有の大切さがわかりはじめたような気がした。

ロバートはうなずいた。

「裏を返せば、重要な情報を共有することは、相手を信頼していることを伝えるいちばんの方法ということになります。以前はわが社でも、多くの情報が部外秘とされ、大半の社員には公開されていませんでした。サンディが業績情報、つまり損益、収益性、顧客逸失コストなどを共有しはじめたとき、彼女は私たちを信頼しているという強いシグナルが伝わりました。それは、知識と能力を使って会社を成功に導いてほしいというシグナルでもありました」

「信頼がエンパワーメントの基礎である、ということですね」

ロバートは深くうなずいた。

「組織において、所属するメンバーが自分は信用されていないと感じたら、効果的な意思決定など望むべくもありません。エンパワーされた気分とはほど遠いので、ほどほどに働いてもらうのが関の山ということになります。つまり、こういうことなのです――」

正確な情報をもっていなければ、
責任ある仕事をすることができない。
正確な情報をもっていれば、
責任ある仕事をせずにいられなくなる。

「なるほど、わかりかけてきました」とマイケルはつぶやいた。
「ここが大事なポイントなのです」とロバートは話を続けた。「正確な情報がなければ、自分の仕事を自己評価することもできないし、目配りのきいた意思決定もできません。情報があれば、それができるし、したくもなるのです」

マイケルは自分の会社のことを考えた。社員には会社の事業や業績を理解するために必要な情報が共有されていなかった。社員が信頼という基礎のうえで働いてくれているとも思えなかった。マイケルは、これまで一握りのメンバーだけで専有していた情報を全社員と共有すること——サンディが〝同僚〟たちにしたような情報共有を行うこと——の大切さがわかりはじめてきた。それが社員を責任ある存在にし、会社と社員のあいだに強い信頼感を築く第一歩となるということが。

そんなことを考えているとき、マイケルにひらめいたことがあった。それを急いでタブレットに書き込むと、まっすぐにロバートの目を見て言った。

「わかりました！　いまの話はこういうことですね——正確な情報はエンパワーメントの国の通貨であり、それが責任感と信頼を流通させる」

ロバートはほほ笑み、うなずいて言った。

「上司はだれでも、責任感があって信頼できる部下を欲しがります。そこで考えなくてはならないのは、どうすれば責任感があって信頼できる部下が育つのか、ということです。方法はただひとつ」

「信頼して、完全かつ正確な情報を提供することですね」とマイケル。

「そうです。部下を育てるのは声がけや笑顔ではなく、情報共有という行為なのです」とロバートはほほ笑んだ。「上司はまず、あらゆる種類の情報を共有することで、部下を信頼していると示さなければなりません。機密性の高い情報も例外ではありません。あなたは会社で、エンパワーメントについて社員としっかり話をしましたか？」

「もちろん話しました。残念ながら成果はありませんでしたが」

「この会社でもそうでした。エンパワーメントが職場での会話にのぼりはじめたのは数年前でしたが、そのころはただ、それについて話すだけでした。だれも何かが起こるとは思っていませんでした。よくあるマネジメントの流行語、もっと意地悪な社員になると、経営による目くらましだという陰口も聞かれました。勤続年数の長い私の部下の一人など、放っておけば消えますよ、と言っていました」

ロバートは続けた。

「でも、サンディは社内を説いてまわりました。『魔法《マジック》が起こることを信じましょう』と。私たちは、サンディ自身それを本気で言っているのかどうかわかりませんでした。やっと信用する気になったのは、サンディが全社員と情報を共有しはじめてからのことです。

それまでオープンにされていなかった、損益やマーケットシェアといった会社の業績情報が共有されるようになったことで、この会社では自分の才能や知識をフルに発揮して仕事をすることが許されている、と実感できたことを覚えていますよ」

マイケルは手渡されたカードにふたたび目をやった。

「ここに書かれている第1の鍵の本当の意味が見えてきた気がします。私にとって情報共有には、つねに純粋に機能的な意味しかありませんでした――つまり、組織のなかでその人が担っている機能に必要なものだけ共有すればよい、と考えていたのです。

このカードを見たときに抵抗感を覚えたのは、ひとつには、仕事に直接関係のない情報までシェアする必要が理解できなかったからです。情報なら会社の情報システムを通じて社員はすでにたくさんもっているじゃないかと。たくさんどころか、溺れそうなほど大量に氾濫しているじゃないかと。

でもいまの話で、社員に必要なのは、会社のパフォーマンスを知らせる、正確で、不足のない、タイムリーな情報なのだということが理解できました。社員に責任をもって働いてほしければ、信頼されていると感じてもらいたければ、私が意思決定に使っているのと同じ情報を共有しなくてはならないということですね」

「その通り！」ロバートが力強く同意した。

「では、目標についてはどうでしょう？　私はこれまでの仕事人生で、なにごとも目標設定から始まると理解してきました。情報共有を第一とするなら、目標設定はどこに当てはまることになるのでしょう？」

ロバートは笑いながら言った。

「そろそろこの質問が出るだろうと思っていました、みなさんこの質問をしますからね。目標が大事なのは言うまでもありません。

ほとんどの組織では、目標はトップが設定し、それを下へおろします。しかし、部下には目標に対してコミットしようという意識がありません。自分で決めた目標じゃありませんからね。

もうおわかりのように、組織をエンパワーメントしたければ、こんな方法は通用しません。考えることができるのはトップだけというような、階層組織の古くさい思い込みを打ち壊すには、まず信頼関係を築かなくてはなりません。情報共有が進み、全員でエンパワーメントの国に向かう旅が始まってこそ、目標設定が本当に意味あるものになるのです」

「要するに、目標設定も社員自身にやらせて、結果を待て、ということでしょうか？」とマイケルは確認を求めた。

「そういうことです」とロバートは認めた。「ただし、くれぐれも、情報共有はエンパワーメント実現への最初の一歩にすぎないということを忘れないでください。

さて、お話ししたいことはまだまだあるのですが、急ぎの仕事があるので持ち場に戻らなくてはなりません。エンパワーメントの第2の鍵については、私の同僚から話を聞いていただくことにしましょう。仕事のつながりも多いので、在庫管理部門のジャネット・ウォを紹介しましょう。今日の午後はあいにく会議があるはずなので、明日の朝の都合を電話で確認してみましょう」

そう言って、ロバートは翌朝8時にジャネットとのミーティングを設定してくれた。

ロバートと別れて駐車場に向かいながら、マイケルは情報共有についてあれこれ考えを巡らせていた。クルマのシートに座り、学んだことをタブレットに書き込んだ。

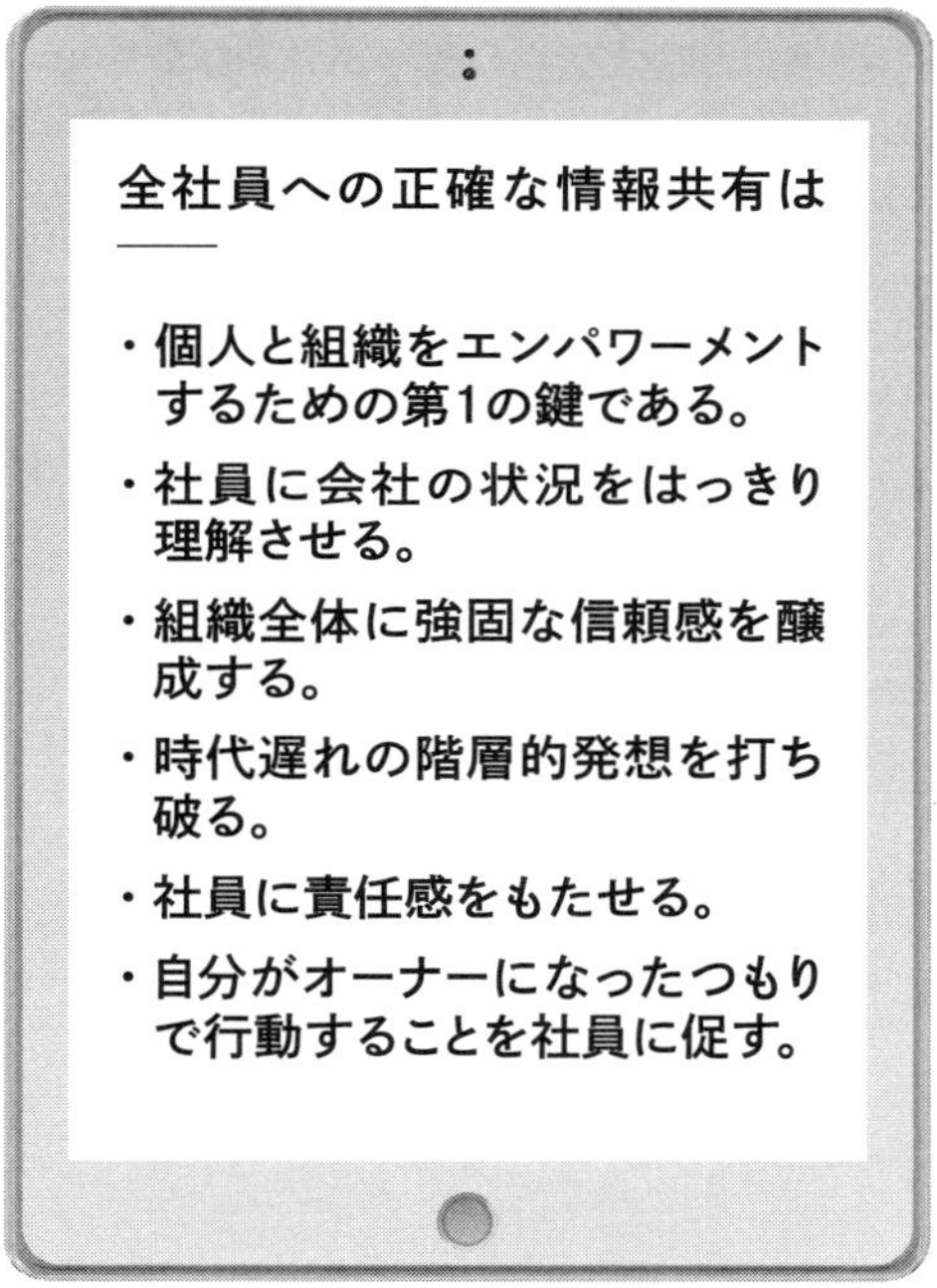
全社員への正確な情報共有は
・個人と組織をエンパワーメントするための第1の鍵である。
・社員に会社の状況をはっきり理解させる。
・組織全体に強固な信頼感を醸成する。
・時代遅れの階層的発想を打ち破る。
・社員に責任感をもたせる。
・自分がオーナーになったつもりで行動することを社員に促す。

家に向けてクルマを走らせながら、マイケルは今日新しく学んだことが、これまで自分が考えていたこととあまりにも違うことに改めて驚いていた。「第2の鍵は何だろう？　第1の鍵並みに、びっくりさせられることなのだろうか？」

5 第2の鍵
境界線によって自律した働き方を促す

翌朝早々、マイケルはすっきりした気分でふたたびサンディの会社をたずねた。在庫管理部門のオフィスをたずねると、一人の女性が歩み寄り、ジャネット・ウォと名乗った。

「サンディやロバートと、エンパワーメントのことで話をしたんですって？　最初は、けっこうややこしいでしょう？　私はそうでしたけど」

「そんな感じです。それにしても、情報共有が信頼関係を強め、業務プロセスの改善につながるという話には驚きました。でも、情報共有だけじゃないですよね？　ほかにエンパワーメントに必要なものは何ですか？」

「その質問に答えるのに、まず物事を経営者の視点から見てみましょうか。部下をエンパワーするためには、仕事の枠組《ストラクチャー》みやルールは多いほうがいいでしょうか、それとも少ないほうがいいでしょうか？」

「なぜそんなことをたずねるのですか？　もちろん少ないほうがいいでしょう。エンパワーするためには、枠組みやルールで縛らず、自由にやってもらうほうがいいと思います」

「そうでしょうね」ジャネットはあいまいな相槌を打った。

「では、こんどは社員の立場で考えてみましょう。経営者がエンパワーメントの国への旅とやらを思いつき、あれこれ力説しはじめたところだとしますよ。エンパワーされたいと思う社員は多いかもしれませんが、エンパワーメントの意味を本当に理解できているでしょうか？　自分の経験や知識を使って自由に働くことが認められ、その結果については、善し悪しにかかわらず説明責任が求められるという、そんな働き方を十分に理解できているでしょうか？」

「できていないでしょうね。自由に働けるという部分は気に入っても、説明責任の部分にはひっかかりを感じるでしょう」

「ですよね」とジャネット。

マイケルは考えながら話を続けた。「混乱してしまうかもしれませんね。少なくとも、戸惑いは感じるでしょう。なるほど、結局、社員には行動のよすがとなる何らかの枠組みが必要ということなんですね」

「そうなんです。ただ、枠組みと言っても、従来とは意味が違います。ふつう枠組みと言えば、これ以上やってはいけないという禁止を示す境界線《バウンダリー》をイメージすると思います。でも、エンパワーメントの文脈で枠組みと言えば、そのなかでは自分たちで決めることができ、決めたことに従って行動してかまわないという、自律《オートノミー》を促す境界線を意味するのです」

そう言いながらジャネットは、1枚のカードをマイケルに手渡した。

> **エンパワーメントの第2の鍵**
>
> **境界線を引いて、**
> **自律的な働き方を**
> **促すこと。**

ジャネットは話を続けた。

「社員は新しい考え方と新しい働き方を学ばなくてはなりません。たとえ話をしますけど、むかし、馬車を走らせていたころ、御者は手綱から手を放して、馬の背中に放り出していました。馬が勝手に家まで帰ってくれたからです。馬が道を知っている場合はこれでよいのですが、はじめての道を行くときは、だれもそんなことはしません」

マイケルが意見を差しはさんだ。

「ガイドラインがなければ、社員はエンパワーされる前の古い習慣に戻って、慣れ親しんだ昔の家に帰ってしまうということですね」

ジャネットがうなずいて言った。

「そうです。境界線にはエネルギーを特定の方向に進ませる力があります。水が流れる川のことを考えてください。土手という境界線がなければ、川はもはや川ではなくなります。流れの勢いも方向も、四方に散逸して消えてしまうことでしょう」

「土手がなければ、川は大きな水たまりになってしまいますね」笑いながらマイケルは続けた。「おっしゃりたいことがわかりました。エンパワーメントのためには、社員のエネルギーを方向づけ、勢いを与える、境界線が必要だということですね」

ジャネットが話を引き取って続けた。

「境界線があると安心感も生まれます。たとえば、ネットを張っただけの空き地でテニスをしたいと思いますか？　ラインが引かれていないと、インかアウトかさえわかりません。自分は上手なのか下手なのか、どうすれば上達できるのかもわかりません」

マイケルは少し考えてから言った。

「きのう、目標設定の位置づけについてロバートさんにたずねました。彼の答えは、煎じ詰めれば〝忍耐して待て〟というものでしたが、目標設定は境界線を決めるうえで大事な要素と言えるのではありませんか？」

「間違いなく重要です。でも、目標設定のほかにも、境界線となるものはいろいろあります」

そう言いながら、ジャネットは自分のパソコンのところに行き、1枚の紙をプリントアウトした。

「これは、私たちが新しい境界線を定めるときに重要と考えた要素を箇条書きにしたものです」

自律した働き方を促進する6つの境界線

❶目的（Purpose）……われわれの事業は何か？
❷価値観（Values）……事業を進めるにあたっての指針は何か？
❸イメージ（Image）…どんな将来像を思い描くのか？
❹目標（Goals）………何を、いつ、どこで、どう達成するのか？
❺役割（Roles）………だれが何をするのか？
❻組織の構造とシステム（Organizational Structure and Systems）
……………仕事をどう位置づけ、どう支えるのか？

「枠組みや境界線は、たくさんあるんですね」とマイケル。
「そうです」とジャネット。「でも、一度に全部決める必要はありません。実際問題、とても一度に決められるものではありません。必要が生じたら、その都度やればよいのです。わが社では、まずトップが、この会社についての説得力のあるビジョンの素案《ドラフト》を書くところから始めました」

「説得力のあるビジョン？」マイケルはおうむ返しに言った。

「はい。簡単に言えば、全社員が思い浮かべる明日の会社の姿のことです。社員のニーズや欲求、価値観、信念を簡潔な言葉で示し、社員を知的にも感情的にもひとつに結び合わせる役割を果たします。

説得力のあるビジョンはリストに挙げた最初の3つの境界線と関係があります。そこには会社の未来像、つまり**イメージ**が描かれています。そのイメージが組織の**目的**（われわれの事業は何か）を示し、目的達成のための行動を導く**価値観**を照らし出すのです。

エンパワーメントは全社員が参加するプロセスですから、まず経営陣が会社の進む方向を明確に定義し、全社員でそれに磨きをかけ、全社員が深く理解することが必要です」

「実際の例を挙げて説明していただけますか？」とマイケル。

「わかりました。アップルコンピュータ創業のころ、スティーブ・ジョブズは、だれもが自分のコンピュータを所有する世界を想い描きました。当時としては夢物語ですよね。アップル社の**目的**は、コンピュータという情報処理システムをつくって個人が買える価格で提供することでした。その根底にある**価値観**は、簡単に使えるコンピュータを万人に提供するというものです。最終的な結果の**イメージ**は、すべてのデスク、すべての家に、パーソナルコンピュータが置かれている光景でした。

これら3つの要素が彼のビジョンを明確なものにし、説得力を与えました。明確なビジョンが確立すると、それを達成する手段も明確になり、ジョブズは高品質のパソコンを大量生産する方法を開発できたのです。説得力のあるビジョンは会社の将来像を描き出すものだということです」

「ありがとうございます」とマイケル。「話を戻して、御社がビジョンを策定したときのことを教えてもらえますか。さきほど、ビジョンは全社員で磨きをかけるというお話がありましたが、本当に全員が参加してまとめあげたのですか？　もしそうなら、どうやったのですか？」

「ええ、全員でやりましたよ」ジャネットはほほ笑んだ。「すべての部署で、すべての社員が、同僚や上司といっしょに動いて、会社のビジョンを、各人にとって意味のある役割とゴールに落とし込んでいきました。骨の折れる作業でしたが、会社のビジョンを実現させるために自分にできる貢献は何かを全員が理解するうえで、どうしても必要な共同作業でした。私たちはこの作業をするとき、会社のビジョンという全体図《ビッグ・ピクチャー》と矛盾しないように、個人が受け持つ部分図《スモール・ピクチャー》を確定させる、という意識で取り組みました」

ジャネットは話を続けた。

「また、たとえ話になりますが、こんどはジグソーパズルです。会社のビジョンは、パズルが完成したときに現れる全体図です。会社のビジョンを実現するために個人に割り振られた役割がパズルのピースです。それぞれのピースには部分図が描かれていて、すべて集まったときに全体図になります」

「そうすると、各人の部分図がとても重要なんですね」

「まったくその通りです。全体図を具体的行動という部分図に翻訳するのが、仕事仲間《アソシエート》たる社員の仕事なのです。社員個々の行動は、会社のゴールを達成するために方向づけられます。社員が効率的に働くには、全体図と部分図、つまり会社のビジョンと自分の役割の両方を見ていなければならないのです」

マイケルが新たな質問をした。

「ところで、ほとんどの組織は目標設定を行うと思いますが、エンパワーメントが浸透している御社では、目標設定についてもひと味違う点があるのでしょうか？」

ジャネットが答えた。

「私たちの会社では、目標設定の際に、社員のエネルギーに注意を払っています。明確な目標がなければ、社員はエネルギーを浪費することになるからです」

「エネルギーの浪費？」マイケルは話の先を聞きたいと思った。

「そう、エネルギーの浪費です。あなたの会社では、こんなことをしたことがありますか。社員に、『あなたが会社から期待されていると思う仕事を10個挙げてください』と言って書き出してもらうのです」

「なんのために、そんなことをするんですか？　社員に何をやってほしいかは伝えていますし、社員は人事評価面談で上司と話しているじゃないですか」

「その考えこそ、あなたの会社が抱えている問題を示しているのかもしれません。あなたと面談したあと、社員の方は結果に納得していますか？　驚いていますか？」

マイケルは、3人の部下との面談を思い浮かべた。

「そういえば、驚いていましたね。最近行った3人の部下との面談のうち、2人は合意に至りませんでした。そんなことが自分の仕事だとは思っていなかった、と言った社員もいました」

「ありうることです。仕事を10個書き出すという作業——私たちは〈トップ10プランナー〉と呼んでいます——の有効性がおわかりになったのではないですか？　部下が自分の仕事だと認識していることと、部下が当然やってくれると上司が期待していることのあいだには、しばしば食い違いがあるのです。上司と部下が互いにリストを書いて、優先事項を突き合わせることをお勧めしたいですね。このトップ10プランナーがどのように使われているか、事例を挙げてお話ししましょう。

私の友人に、コンビニエンスストアを所有している夫婦がいるのですが、ストア経営にとって大事なことがなかなか実施できず、いつも苦労しています。そこで、雇っている女性アシスタントに、自分の仕事だと認識していることを10個書き出してもらいました。これがそのリストです」

ジャネットは1枚の紙をマイケルに渡した。

①棚卸損《たなおろし》（帳簿より実際の商品が少ない状態）を減らす
②レジの現金に過不足がないようにする
③在庫の棚を整理整頓する
④トイレを清潔に保つ
⑤ガソリンタンクに水が混入しないよう点検する
⑥コーヒーをつねに淹れたての状態に保つ
⑦駐車場をきれいな状態に保つ
⑧休憩室を整理整頓する
⑨陳列商品を回転させる
⑩商品を発注する

「オーナー夫妻のほうも、アシスタントに責任をもってもらいたい点を10個書き出しました。これがそのリストです」

ジャネットは、もう1枚の紙をマイケルに渡した。

①売上げ
②利益
③顧客の評判
④サービスの質
⑤現金管理
⑥店舗の全般的外観
⑦適正在庫
⑧店員教育
⑨施設管理（保守・修繕）
⑩商品ディスプレイ

「2つのリストを見比べたことで、何が問題かすぐに明らかになりました。オーナー夫妻は私にこんなことを言いました。

『結局、間違っていたのはマネジャーである僕たちだったんだ。アシスタントには、最終的な結果をしっかり見てくれと指示はしている。売上げとか顧客サービスとかね。ところが、日々の業務のなかで何を口うるさく言っているかというと、ルーティンな作業レベルのことばかりで、それが彼女の意識にこびりついていたんだね。相反する2つのメッセージを伝えていたわけだ。

トップ10プランナーはすごく役に立ったよ。これまで自分たちがやってきた間違いがわかったし、それがアシスタントを苦しめていたこともよくわかった。

これまで僕たちは、アシスタントにこんなことを言っていたんだ。

・実際の商品数と記録が合わなさすぎる。
・遅番で12ドル不足したのはなぜ？
・棚に欠品がある。
・トイレが汚れている。

・ガソリンタンクの水抜き点検はやった？
・コーヒーが切れている。
・駐車場にゴミが散乱しているけど、だれかパーティでもやったのか？
・ストックルームが散らかりすぎだ。
・新しい品は棚の奥に並べなさい。
・発注が遅すぎるよ』」

ジャネットは話を続けた。

「たぶん料金請求部門のロバートが話したと思いますが、正確な情報を共有されていない社員は責任ある仕事ができません。加えて、自分のゴールと役割がはっきりわかっていなければ、決してエンパワーされることもありません。このコンビニの女性アシスタントは、果たすべき説明責任と自分の仕事を結びつけることができていなかったわけですが、その責任は経営者であるオーナーにあります。

オーナーからの毎日のフィードバックが、アシスタントに間違った目標を伝え、的外れな業務に注意を向けさせていたわけです。オーナーはたぶん、こんなふうに言えばよかったのだと思います。

・販売量が落ちた理由を考えてくれるかな。僕も手伝うから。
・利益が落ち込んでいるね。どうすればいいか考えよう。
・コーヒーが切れていたり、トイレが汚れていたら、お客さまはどう感じるかな？
・給油のお客さまのついで買いは、売上げの大事な一部だから、ガソリンに水分が混入しないように気をつけよう。
・たびたび売上金の計算が合わないけど、お客さまに損をさせていないかな？
・店にとって第一印象は大切だけど、今朝の駐車場の状態をどう思う？
・商品ルームが散らかっていたら、商品を見つけられなくて、お客さまに品切れだと答えてしまうかもしれないよ。
・今週は店員にどんなトレーニングをしましたか？
・棚の商品交換のスケジュールはどうなっている？　お客さまにはいろいろな品物を見てもらうようにしたいね」

「何を話すかという点も違いますが、どう話すかという点でもずいぶん違いますね」とマイケル。「一方的に指示したり注意するのではなく、パートナーとして話している感じですね。私がこのアシスタントで、いつもこんなふうに語りかけられていたら、経営者感覚で仕事に取り組むようになるだろうし、オーナー意識ももてると思います」

「この話から、私たちの会社も多くのことを学びました」ジャネットは続けた。「目標がはっきり見えていないと、社員はいい仕事ができませんし、エンパワーもされません。どんなに有能でクリエイティブな社員でも、的外れな仕事を自分の仕事だと思ってやっていたら、時間と労力の無駄でしかありません。コンビニの例で言えば、レジで待っているお客さまがいるのに、店員は駐車場を掃除しているようなことになりかねないのです」

「なるほど、境界線と自律的な働き方の関係について、かなりわかってきました。これまでの話を、私なりにまとめてみたのですが、見てもらえますか?」

そう言いながら、マイケルはタブレットの画面をジャネットに見せた。

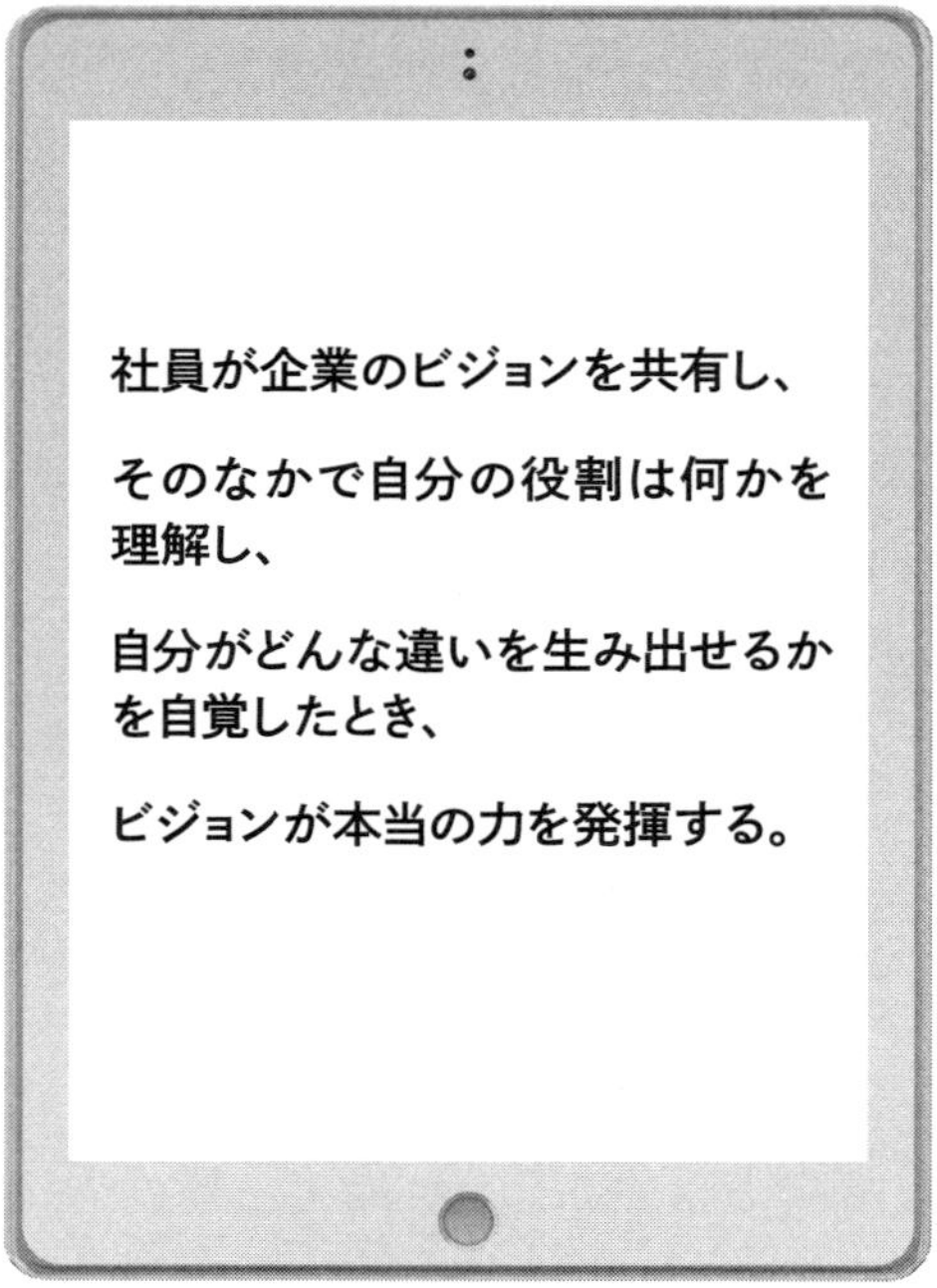
社員が企業のビジョンを共有し、
そのなかで自分の役割は何かを理解し、
自分がどんな違いを生み出せるかを自覚したとき、
ビジョンが本当の力を発揮する。

ジャネットがくすくす笑いながら言った。

「ロバートがあなたのことを、油断できない人だと言っていたのを思い出したわ」

「どういうことでしょう？」

「いきなり同意はしないけれど、いったん納得すると、たちまち自分のものにして取り入れるという話でした」

「なるほど、そうかもしれません。行動を重視する性格なので、理屈が把握できたら実行に移したいんでしょうね。

あなたの話で、会社のビジョンと社員の目標設定の一貫性が重要だということが理解できました。次は、会社の価値観がどういう道筋をたどって社員の自律的な働き方につながるのか、聞かせていただけますか？」

「価値観は全社的ビジョンが説得力をもつための大切な要素です。エンパワーメントの国への旅を始めたころ、私たちは、まず会社としての基本的信念を明らかにし、それをかみくだいて全員が同意できる価値観として表さなくてはならないことを学びました。信念が土台となってビジョンを支え、価値観が社員の行動を導いてビジョンを実現させるのです。

社員が会社の価値観にしたがって業務を遂行するのでなければ、会社はほんとうの意味で価値観を確立したとは言えません。だから、サンディは価値観をつくる作業に社員を参加させたのです」

「彼女はどうやってみなさんを参加させたのですか？」

「サンディはまず、会社が大切にすべき価値について語りました。私たちが追求すべき価値は何か、それが私たちの行動をいかに自律的なものに変え、会社のビジョンを実現に至らしめるかを説明しました。そのときの話は、全員がまるで昨日のことのように覚えています。キング牧師の歴史的スピーチになぞらえて、『サンディの私には夢がある《アイ・ハブ・ア・ドリーム》スピーチ』と呼んでいるほどですから」

「何を話したのですか?」

「何を話したかもさることながら、その話し方が私たちの心を捉えました。まるで、みんなに相談に乗ってほしいと語りかけるような口調だったのです。話から、サンディの確固たる価値観と、それを実現しようとする強い意志が伝わってきました。サンディは自分の価値観を切々と説き、私たちはそれがきっと実現すると信じることができました。

サンディのスピーチで、私たちは自分が重要な存在だと感じることができました。情報共有が実行されたときにも感じた感覚ですが、今回は、『彼女が本気でそう思っているとは信じられない』という声はなく、『こんな大事なことを相談してもらえるなんて信じられない』という声がありました」

「確かな参加意識を感じたわけですね」表情を輝かせてマイケルは言った。

「そうです。これほどまで信頼され、価値観を明確にする作業に加わってくださいと頼まれたら、もうほかの会社で働く気にはなれません。でも、このスピーチはまだ価値観確立のはじまりにすぎませんでした。スピーチのあと、全員でサンディが提示した価値観の妥当性を検証しました。その検証作業を通じて、全員が同じ価値観のもとで足並みを揃えることができたのです」

そこでマイケルが質問した。

「この価値観でやっていくと合意するために、なにか具体的な方法や手順があったのですか？」

「だれもがサンディが掲げた価値観を支持しました。合意が必要だったのは、その価値観を実現するためのルールに関してでした。検証作業は全部門をワークグループに分けて行ったのですが、部門ごとに対話が深まるよう、作業の進め方についていくつかの指示が与えられました。それに従って、グループごとに価値観について語り、価値観を日常業務でどう形に表すかを話し合いました」

「話し合いは、どんなふうに進みましたか？」

「まず、驚きました」

「というと？」

「みんながばらばらな前提で仕事をしていたことがわかったのです。あんなだったとは、作業を始める前は思ってもいませんでした。仕事の進め方や協力関係について話し合いましたが、何度も立ち往生したものです。でも、価値観について話し合い、人の意見を聞くことで、目が開かれました。価値観の記述に含まれる語句の意味を定義していくことが、とくに重要なワークだったと思います」

ジャネットは続けた。

「私は同僚たちから、『あなたがそんなふうに考えているとは思ってもいなかったわ！』と何度も言われました。私のユニットのひとりが『最初は鉄くずを一面にぶちまけたような状態だったけど、価値観を検証する話し合いをしているうちに、磁石がその上を通ったみたいに綺麗に整列しちゃったね』と言ったのですが、本当にそんな感じでした」

「でも、そんな話し合いをしていたら業務時間にしわ寄せがありますよね？」

「ええ、私たちもマネジャーとしてそれは心配でした」とジャネットは認めた。「いったい私たち、ここで何をしてるのかしら、と思ったこともあります。注文を取って売上げを立てなくていいのかしらって。でも、どうなったと思います？　このプロセスを踏んだおかげで、結果的には時間の節約になったんです。びっくりしました」

「時間の節約と言うと？」

「価値観を固める取り組みをしたあとは、意思決定が速く簡単にできるようになったのです。自分たちを導く一連の価値観を共有することができたからでしょうね」

「いまの話で納得しました。これまで私の会社では、『問題を見つけたら、その場で解決！』という、なんとも単純な合言葉を全社に徹底しようとしていたのですが、こんなかけ声だけで社員を動かそうというのが無理な相談だったのですね」

「なるほど……」ジャネットがマイケルに話を続けるよう促した。

「私たちのやり方は、二重の意味で間違っていました。第1に、そのルールは社員が自分で選んだものではなく、上から押しつけられたものだったということ。第2に、お互いに相手の話を聞いてから合意するという、御社のようなステップを踏まなかったということです。おそらく私の会社では、『問題を見つけたら、その場で解決！』と言われても、社員はてんでんバラバラに勝手な解釈をしているのだと思います」

ジャネットが言った。

「ルールについて合意がなければ、エネルギーをひとつの目的に向けることはできません。

価値観は目的を達成するための推進力です。つまり、説得的ビジョンの各要素――目的、価値観、イメージ、目標、役割、そして組織の構造とシステム――はしっかり統合されていなければならないのです」

「組織の構造とシステムは、ビジョンとどういう関係があるのですか？」

「ビジョンは何を遂行すべきかを教えてくれるものであり、組織の構造とシステムは――役割とゴールが正しく組み込まれることによって――その遂行を確実にしてくれるものという関係ですね」

「この絵を見てもらえますか」と言いながら、ジャネットは壁に掛かった額入りの絵を指さした。「これらの要素がすべて境界線として働き、社員の自律的な働き方を後押ししていることがわかってもらえると思います。ここに〝責任〟という一語を加えてもいいかもしれません」

「もしこれらの要素がまとまりを欠いたら何が起こるか、私たちの会社で起こった例をあげて説明しましょう。あるとき、在庫管理と販売業務を調整する必要が生じました。販売部門に計画を練り直すよう指示が出され、彼らも納得したのですが、結局、計画変更の作業は行われなかったのです。なぜだと思いますか？」

「ぜひ教えてください」

「当時のボーナス算定では、計画立案のために使った時間はボーナスの算定基準としてカウントされなかったからです。計画立案に時間をかけると、そのぶんボーナスが減る仕組みになっていたのです。報酬体系を変えたら、この問題はなくなりました」

「つまり、組織の構造やシステムがエンパワーメントの障害になることもあるということですね」

「そういうことです。おわかりのように、このボーナス算定基準のような方針は、管理志向の組織のためのもので、エンパワーメント志向の組織には適しません」

マイケルはこの点について考えていたが、しばらくして口を開いた。

「私の会社にも、エンパワーメントの妨げになっている方針があるようです。たとえば、一定額以上の購買には上司の承認が必要というルール。あるいは、複数部門に関係する変更は正式な手順を踏まなくてはならないというルール。いくらでも挙げられます」

「でも、そういうのはそのつど対処できる問題です」とジャネットは受け合った。「情報共有によって培われた信頼関係があれば、エンパワーメントの障害に気づいたとき、だれでも忌憚のない意見を言う気持ちになれるのです」

「そこにも情報共有という第1の鍵の効果があるわけですね。信頼の基礎が築かれれば、ほかのステップにも役立つでしょうからね。信頼が醸成され、自由に発言しても危険ではないことがわかってから、みなさんはどんなふうに自分の考えを表明しはじめましたか？」

「いちばん多かったのは、『なんのために、こんなことをするんですか？』という疑問でしたね。サンディはそういう質問も歓迎しました。まもなく全員が、ありとあらゆるルールや方針やシステムを、エンパワーメントの役に立っているのかという観点から見直しはじめました。既存のルールの多くはエンパワーメントにとって特段の支障にはなっていませんでしたが、検討の結果、廃止されたものも少なくありませんでした。組織全体からぜい肉が削ぎ落とされ、能率が向上したと思います。

ほかにも、重要な問いが投げかけられました。私の新しい役割は何か？　私が決定すべきことは何か？　私に課された説明責任は何か？　新しいルールは何か？　新しい仕事に就くとき、どんな訓練を受ければいいのか？」

「そういう質問は社員のあいだに不安を生みませんか？」とマイケルはたずねた。

「それは因果関係があべこべです」とジャネットはほほ笑んだ。「組織に不安な状況があるから、そういう質問が出てくるのです。変化には不安がつきものです。でも、情報共有が行われている環境では、互いに信頼して仕事をしますから、話し合い、合意し、行動することで、不確実で不安な状況に対処することができます。いま挙げたような質問は、とりもなおさず新しい境界線を明確にしたいという願いの表れなのです」

「お話の印象では、相当長い時間をかけて取り組まれたようですね」とマイケル。

「もちろんです。旅ですからね。一気にやる必要はありません」

「ところで」とジャネットはマイケルが手にしていたタブレットに視線を向けた。「熱心に

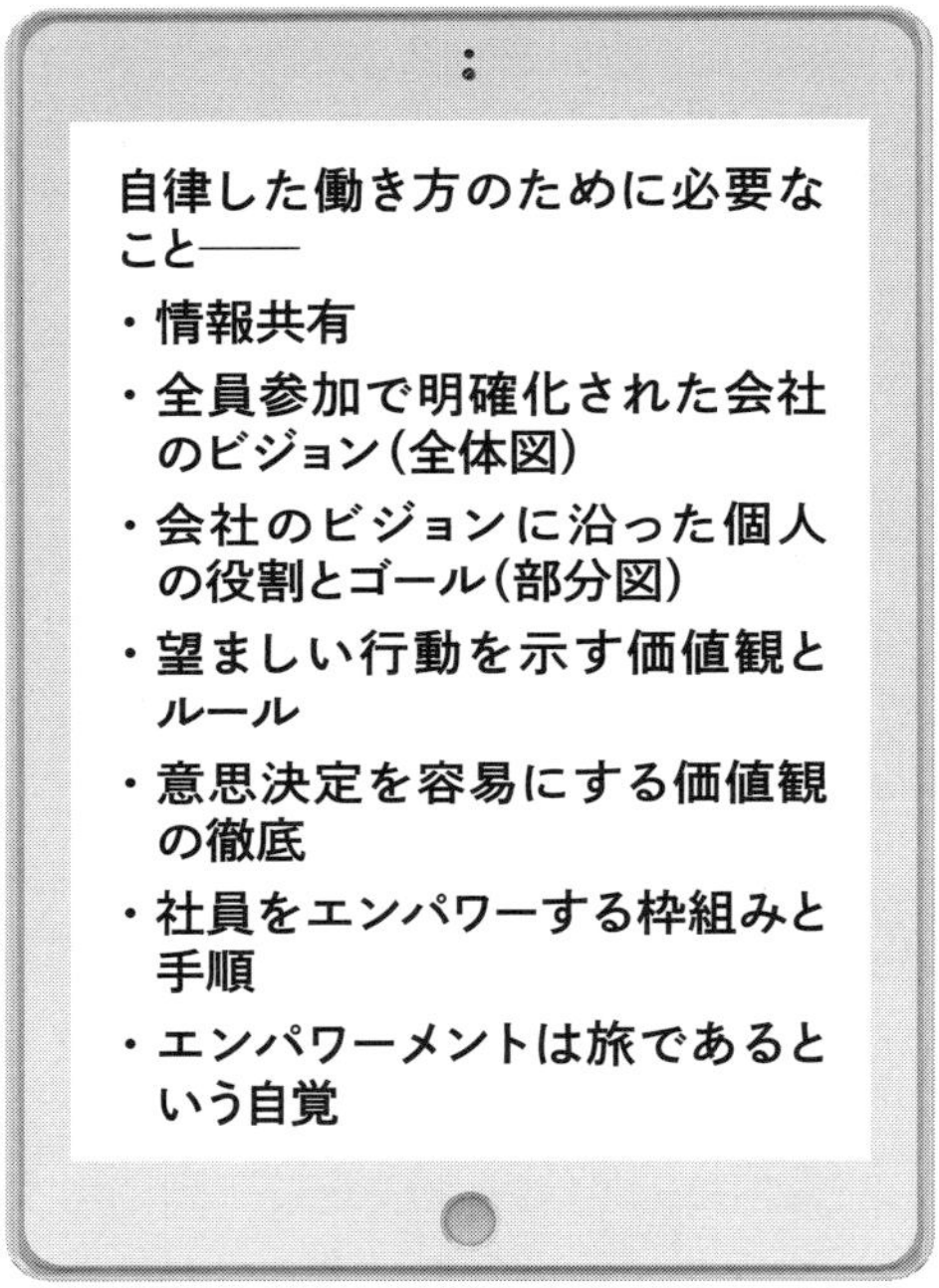
自律した働き方のために必要なこと——
・情報共有
・全員参加で明確化された会社のビジョン（全体図）
・会社のビジョンに沿った個人の役割とゴール（部分図）
・望ましい行動を示す価値観とルール
・意思決定を容易にする価値観の徹底
・社員をエンパワーする枠組みと手順
・エンパワーメントは旅であるという自覚

メモを取っておられるようですね。見せていただけませんか？」

「どうぞどうぞ」マイケルは画面をジャネットのほうに向けた。

「すばらしいわ。よく理解されていると思います」ジャネットは言った。

「でも、これだけでいいのでしょうか？」マイケルは遠くを見る目をした。「情報共有、明確な境界線による自律的な働き方の促進……ほかにもまだ何かあるのでは？」

「なるほど。では、エンパワーメントの第3の鍵について、顧客サービス部門のビリー・エイブラムズをご紹介しますから、彼から話を聞いてください。

私からは最後に、サンディの言葉を紹介させてくださいね。この言葉は、いつも私の心に訴えてくるものがあります。

『エンパワーメントは魔法ではない。単純な考えと賢明な仕事である』

旅の幸運をお祈りしています」

ビリー・エイブラムズに会いに行く道すがら、マイケルは考えていた。

「単純な考えと賢明な仕事――これこそ、まさに私の会社に必要なものだ！」

6 第3の鍵 セルフマネジメント・チームを育てる

マイケルが顧客サービス部門のフロアを訪ねると、ビリー・エイブラムズが急ぎ足で近づいてきた。その様子から、マイケルは彼が自分と同じように精力的で、言葉より行動を重視する人だと感じた。

職場を案内してもらいながらマイケルが切り出した。

「お忙しいところ、時間を割いていただき、ありがとうございます。エンパワーメントの第3の鍵について、ぜひお話を聞かせていただきたいのです」

「お安いご用です」

マイケルの言葉が終わるか終わらないうちにそう言うと、ビリーはずばり質問した。

「あなたの会社では最近、ダウンサイジングを実施しましたか？」

「ええ、実施しました。人減らしの先頭に立つのはつらい体験でした」とマイケル。

「よくわかります。この会社でも同じことがありましたから」

マイケルは急いでつけ加えた。

「いま考えても、会社の生き残りのためにダウンサイジングはやむをえませんでした。顧客の要求に応えられる組織にするには、階層を減らす必要があったのです。でも、やってみてわかったのは、ダウンサイジングすればどうしても権限委譲の必要に迫られますが、それは本当のエンパワーメントとは似ても似つかないものだということです。それまでは、意思決定の権限を委譲するのがエンパワーメントだと思っていましたが、全然それだけではありませんでした」

2人は話しながら、熱心に働いている人たちのあいだを歩いていた。コンピュータの画面をのぞき込んで、なにごとか話し込んでいた仕事仲間《アソシエート》たちは、マイケルとビリーに気づくと笑顔で会釈したが、すぐに視線を仕事に戻した。

ビリーがさらに質問した。

「人を減らし、業務をアウトソーシングし、中間階層を取り払って組織をフラットにした結果、あなたの会社では何が起こりましたか?」

「そうですね……」マイケルはゆっくりと、指を折って数えながら答えた。「トップが現場に近づきました。管理職の部下の数《スパン・オブ・コントロール》が増えました。そして、仕事が増えた社員が腹を立てました。社員にすれば、自分は与《あずか》り知らない〝部外秘情報〟をもった、信頼もしていない上司が決めたことをやらされるわけですからね」

ビリーはうなずいた。

「まったくです。階層の数が減っただけの新たな官僚的組織ができて、ネガティブな気分が蔓延してしまったわけですね。意思決定は相変わらず上で行われるのですから。

エンパワーメント型組織にしたければ、そういう体制や仕組みを根本から変えなくてはいけません。となると、悩ましい問題が生じます。『従来の階層組織においてトップや上司が下していた意思決定を、だれが代わりに行うのか?』という問題です」

マイケルは答えを探しながら話しはじめた。

「全員が意思決定の責任をもたなくてはならなくなりますね。でも、ほかの人と無関係に行動するメンバーばかりで構成される組織なんてありえませんから、たぶんチームに意思決定を任せることが必要なのかもしれませんね。チームなら個人のスキルや知識をもち寄ることができますから。……チームに意思決定させるという方法がよさそうです」

ビリーはうなずいて同意した。

2人は人びとが忙しく行き来するフロアで立ち話をしていた。ビリーは職場のコーナーのデスクにマイケルを座らせると、小さなカードを手渡した。マイケルが受け取る3枚目のカードだった。

エンパワーメントの第3の鍵

階層思考を
セルフマネジメント・
チームで置き換える。

「〝置き換える〟とは、なかなか刺激的な表現ですね。どうやるのか見当もつきません」

マイケルの問いかけに、ビリーが答えた。

「改革前も、わが社は全員参加型の会社運営を行っていたし、ワークチームもありました。でも、考え方は昔ながらの階層組織のままでしたから、上が決めたことを下におろす一方通行のコミュニケーションしかありませんでした。チームにできるのは提案ぐらいで、それをもとに意思決定するのはマネジャーだったのです。

しかし、会社が新しい競争環境に置かれていることが次第に明らかになってきました。組織をスリムにして顧客に近づき、顧客の要求に応えながら、同時に内部統制を効かせて会社の利益も守らなくてはなりませんでした。

けれども、古い階層組織、とくに階層《ヒエラルキー》思考がしみついた組織にはそれはできません。動きが遅すぎ、手続きも面倒すぎますからね。あなたもおっしゃったように、エンパワーされた社員から成るチームのほうが、ばらばらの社員の寄せ集めより強力です。そう考えてわが社は、これまで階層組織でやっていたことの多くをチームでやることにしました。社員は、〝セルフマネジメント・チーム〟の一員として仕事をすること、意思決定し、実行することを学ばなくてはなりませんでした。組織のいちばん下の階層の社員も、それまで管理者の仕事だった責任を引き受けることになったわけです」

「セルフマネジメント・チームとはなんですか？」

「なかなかユニークなチームですよ。業務プロセス全体あるいは製品やサービス全体について責任をもつ社員によって構成され、仕事の最初から最後までを、このチームが計画し、実施し、管理します」

「セルフマネジメント・チームには管理職がいるのですか？」

「いる場合もあります。しかし、十分に機能しているセルフマネジメント・チームなら、一見しただけではだれがマネジャーかはわからないかもしれません。全員が等しく責任を分かちもっているからです。メンバーが交代でチームリーダーを務めることもありますが、それもチームが決めるのです」

「それはまた大胆な改革ですね！」マイケルは思わず大きな声を出してしまった。

「その改革が、まさにここで起こったのです」

ビリーは周囲を見渡しながら言った。

「いま、あなたが見ている、このフロアの彼らは、顧客サービスの分野で高業績を上げている複数のセルフマネジメント・チームのメンバーたちなのです」

「なるほど。そのことを誇りに思っておられるご様子ですね」

「われわれの部署は重要な使命を担っています。会社にとっては顧客の動向を察知するセンサーであり、お客さまにとっては問題解決の窓口です。会社が行うお客さまへの対応のどこかに、少しでも間違いがあれば、対外的なものであろうと社内的なものであろうと、私たちが関与することになります。エラーが発生したら、ただちに関係するあらゆる情報を集めて在庫管理と請求の業務に関わる全員と共有し、発生原因の理解と再発防止策を徹底するのです。

「大きな責任ですね」マイケルは言った。

「そうです」ビリーはうなずき、話を続けた。

「でも、チームの仕事として見れば、決して大きすぎる責任ではありません。どの個人も、これを一人でやらなくてもいいのです。個人どころか、この部署に複数ある顧客サービス・チームをもってしても、それだけでできる仕事ではありません。お客さまに適切なサービスを提供するのは会社全体の責任です。顧客サービス部門の各チームは、会社の努力を先導する案内役にすぎないのです。

ですから、ここでのポイントは、従来はマネジャーが行っていたことをつねにチームが行っているということです。つまり、社内の情報を集め、分析し、何をすべきかを決め、決めたことを伝える、という仕事がチームにゆだねられているということです」

マイケルが口を開いて自分の考えを話した。

「なるほど。ここにはじっと座って指示を待っているだけの人はいなさそうですね。あなたと話しながら、みなさんの様子を見ていたのですが、互いに頼ったり頼られたりしながら、全員がまるでマネジャーのように動いています。

階層組織だと、自分に与えられた仕事をするだけで、人の仕事に首を突っ込んだりしないものですが、この職場では、通りがかるみなさんが私を見てほほ笑んでくれます。やる気と熱意を感じます。ここは自分の会社だという思いで、張りきって仕事をされている印象を受けます」

「その通りです。しかし、最初からこうではありませんでした」ビリーはにっこりしながら話を続けた。

「当初、私たちもこのセルフマネジメント・チームというアイデアに飛びついたわけではありません。悪い話じゃないとは思いましたが、何が起こるのか経験もないし理解もできませんでしたからね」

「私の会社が、いまちょうどそんな状況です。この2日間、エンパワーメントとセルフマネジメント・チームについてためになることを学んだので、持ち帰って社員に伝えるつもりですが、たぶん彼らは何から手をつけたらよいのか見当がつかないと思います」

少し間を置いて、マイケルは続けた。

「考えてみると妙な話ですね。社員に自由に事を進めてもらいたいと願いながら、それを強制しようとするようなものですからね」

「うまい説明ですね。改革の最初のほうで、まだ社員がエンパワーされていないときに遭遇するパラドックスを、うまく言い表していますよ。

マネジャーとすれば、部下が自力でなんとかしてくれることを期待して、ただ待っているわけにはいきません。彼らが必要としているものを提供することから始めなければなりません。わが社では、マネジャーはやや指示的なリーダーシップで臨まなくてはなりませんでした。エンパワーされた社員としての行動の仕方を教え、実際にやって見せなくてはなりませんでした」

「なるほど、わかってきました。自律的な働き方に移行するためには、境界線の明確化と方向づけが必要だということなのですね」

「そうなんです。エンパワーメントの国への旅のはじめには、新しいガイドラインや枠組みが不可欠なのです。さっき私は指示的リーダーシップと言いました。ふつうならそれは、仕事の仕方を教えることだと思うのですが、わが社では仕事の管理の仕方を教えたのです。

われわれとすれば、突然、これまで蓄積してきた業務知識を活かすことを任されたので、わくわくしました。チームの全員が、顧客サービスと顧客対応を向上させるためのアイデアをもっていましたしね。しかし、いかんせんチームとして意思決定する方法を知りませんでした。チームスキル――つまり問題解決の方法、会議の進め方、チーム運営、対立の扱い方など――をだれももっていなかったのです」

「なるほど。そこでマネジャーのみなさんは、指示的リーダーシップを仕事の仕方の指示に使うのではなく、チームを機能させるためのスキル向上に使った、ということなんでしょうね」

「おっしゃる通りです」

マイケルは学んだポイントをタブレットに書き込み、ビリーに読んでもらった。

これを見てビリーが言った。

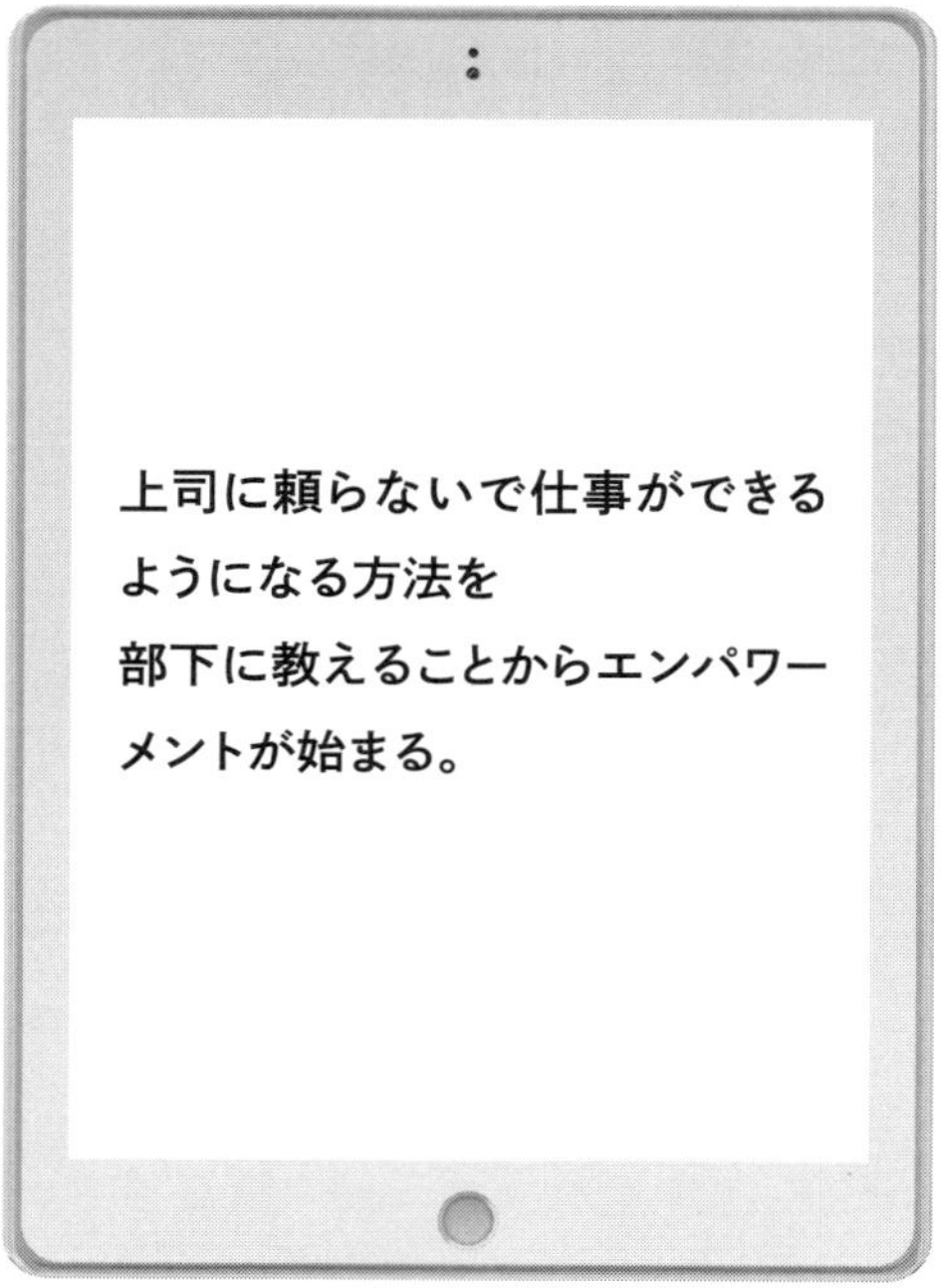
上司に頼らないで仕事ができる
ようになる方法を
部下に教えることからエンパワー
メントが始まる。

「この言葉は、チームに対するトレーニングは何から始めたらよいか、うまく言い表しています。これはまさに、わが社のマネジャーたちが苦い体験をして学んだ教訓です。

当初、マネジャーたちは、エンパワーメントとはセルフマネジメント・チームに好きなようにやらせることだと考えてしまいました。それで、果たすべきコーチとしての役割を放り出してしまい、なぜうまくいかないのかと首をひねる羽目に陥ってしまったのです。

私のチームのメンバーも、最初のうちは活気づきましたが、それは1週間ほどしか続きませんでした。やがて、みんな現実から目を背けはじめました。だれも混乱して訳がわからなくなったと認めたくなかったのです。不満が鬱積していましたが、見て見ぬふりを決め込んだのです」

「で、どうなったのですか？　もちろん解決したのでしょうけど」

「サンディが混乱状態に気づきました。私のチームのみんなを招集してミーティングを行い、混乱の原因を突き止めるのを助けてくれました。そして、混乱の責任は自分にあると言い、決してほかのだれかを責めませんでした。経営トップが自分たちの味方なんだと感じましたね。

そのミーティングで、われわれはエンパワーされることを望まれているが、そのために必要なスキルの多くを欠いていることを実感しました。それで、自分たちにはセルフマネジメント・チームになるための訓練が必要だという結論に達しました。

いちばん必要を感じたのは、チームとしての意思決定、対立解消、チーム活動への参加状況のチェック、チーム内でのリーダーシップの共有、といったあたりでした。それから、自分たちがセルフマネジメント・チームとして機能するためには、方向を示して導いてくれるような、いくぶん強いリーダーシップが必要だということも認識しました。自分たちの進歩を注意深くモニターすることも必要でした」

そこまでの話を聞いて、マイケルがたずねた。

「言い換えれば、社員のみなさんはマネジャーに自分たちに指示してほしいと頼んだわけですよね。それでマネジャーのみなさんは、組織のエンパワーメントという与えられたゴールをめざして強い指示的リーダーシップを取ったと。

しかし、いずれエンパワーメントが進むと指示的スタイルは取れなくなりますよね。さきほど、十分に機能しているセルフマネジメント・チームではだれがマネジャーかわからないという話もあったほどですから。指示的リーダーシップが必要な状態から、みなさんはどうやって脱却できたのですか？」

「ゆっくり、徐々にです。はじめのうちは、それこそ目に見えないほどわずかな変化しかありませんでした。でも、そのうちだんだん速くなってきました。エンパワーされた個人やチームの働きぶりが、社内のあちこちから耳に入るようになりました。これまではマネジャーだけがやっていた仕事をチームがやりだしたのです。しかも、もっと上手に。

そうなるとマネジャーは、ファシリテーターやコーチのような役割を担うことになりました。なかには、なにもしないのがいちばんという状況を見極める達人も出てきました。わが社ではMBSTと言っていますが」

「なんですか、そのMBSTというのは？」

「そばにただ立っている管理（Management By Standing There）のことで、次がそのルールです。


余計なことをせず、そこに立っていろ！


このルールに従うべきときとそうでないときを見極めることができれば、エンパワーメントをめざすマネジャーにとってなかなか有効なスキルになります」

「口を出さず、自分でやらせるべきときを見極めるということですね？」

「そうです。マネジャーたちは責任を上手にチームに引き渡して行きました。それでも業務はしっかりコントロールできたし、仕事もなくならなかったので、マネジャーたちが感じていた恐れは消えていきました。

実際、マネジャーにはやるべきことがたっぷりありました。たとえば、戦略的計画の立案、お客さまとの関係強化、新しい設備や装置に関する決定、先を見越した訓練プログラムの検討や実施、そしてこれまで後回しにされていた特別プロジェクトへの参加などです」

「そうした責任の移行には、注意深いバランス感覚が必要でしょうね」

「ダンスですよ。ダンスと同じで、いったん慣れてしまえば直感に従って動けるようになります。

部下やチームをエンパワーする過程で、人を見る目が変わります。私がいちばん気にいっているのは、それまでは指示されたことしかやらなかった従業員《エンプロイー》たちが、少しずつ仕事仲間《アソシエート》へと変わっていく点です。あと、本人ができると思っていることより少しだけ重い責任を引き受けるよう、少しだけ背中を押してあげたりするのも楽しいものです。こちらの思惑通りに進んで、新しい責任を無事に果たせた部下の誇らしげな表情を見るのも感慨深いものがあります」

マイケルは黙ってしばらく考え込んでいたが、やがて口を開いた。

「チーム……ではなくて、エンパワーされたセルフマネジメント・チームは、かなり強力な武器になると思いますね。絶妙のチームワークで自在に試合を運ぶバスケットボールやバレーボールのチームみたいなものです。

メンバー個人のスキルは、人が入れ替わっても引き継ぐことができるとはいえ、その人ならではのユニークな面もあります。個人には能力を発揮するチャンスがあり、能力を伸ばし発展させるチャンスもある。なにものにでもなれるチャンスを保ったまま、自分が身を置く組織の発展に貢献することができるというわけです」

「すっかり理解されたようですね」とビリーは言った。

「だといいのですが。エンパワーメントの第3の鍵の要点（次ページ）を書き出したので、確認していただけませんか？」とマイケルは頼んだ。

「満点の解答ですね」ビリーはにっこりした。

「先生がいいからですよ」とマイケル。

ビリーに礼を言い、マイケルは家へと向かった。運転しながら、今日学んだことが頭から離れなかった。ひとつの疑問が意識のなかでぐるぐる回っていた。なんとしても答えを知りたいという思いに突き動かされ、思い立ってエンパワー・マネジャーに電話をかけた。

電話の向こうから「いつ連絡があるかと、お待ちしていました」という声が聞こえてきた。

「いまから、そちらに行ってもいいですか？」

「もちろんですとも。待っています」

階層組織をセルフマネジメント・チームと取り替える――

・エンパワーされたチームは、エンパワーされた個人以上の仕事ができる。

・はじめからセルフマネジメント・チームとして仕事をする方法を知っている人はいない。

・途中で不満が出てくるのは自然な反応である。

・全員がチームスキルを学ばなくてはならない。

・エンパワーメントには、トップの決意とサポートが必要不可欠である。

・情報とスキルをあわせもったチームは、古い階層思考に取って代わることができる。

III

3つの鍵を実践してみよう

7
3つの鍵はダイナミックに関連しあう

サンディのオフィスを訪れると、彼女はおなじみのポーズで窓の外を眺めていた。彼女が振り向くのを待ちかねたように、マイケルは質問をした。

「これまでにエンパワーメントの3つの鍵について話を聞きました。とてもすばらしいと思います。でも、はたしてうまくいくのでしょうか？　それで本当に仕事のパフォーマンスや業績が向上するのでしょうか？」

「まあそう急がず、ゆっくり進めましょう。まず、どんな話を聞いたのか教えてくれますか？」

「わかりました。エンパワーメントには３つの鍵があることを教わりました。社員のなかにある潜在能力を引き出すことにもなる鍵です」

マイケルはタブレットを取り出して、そのことを要約したメモを見せた。

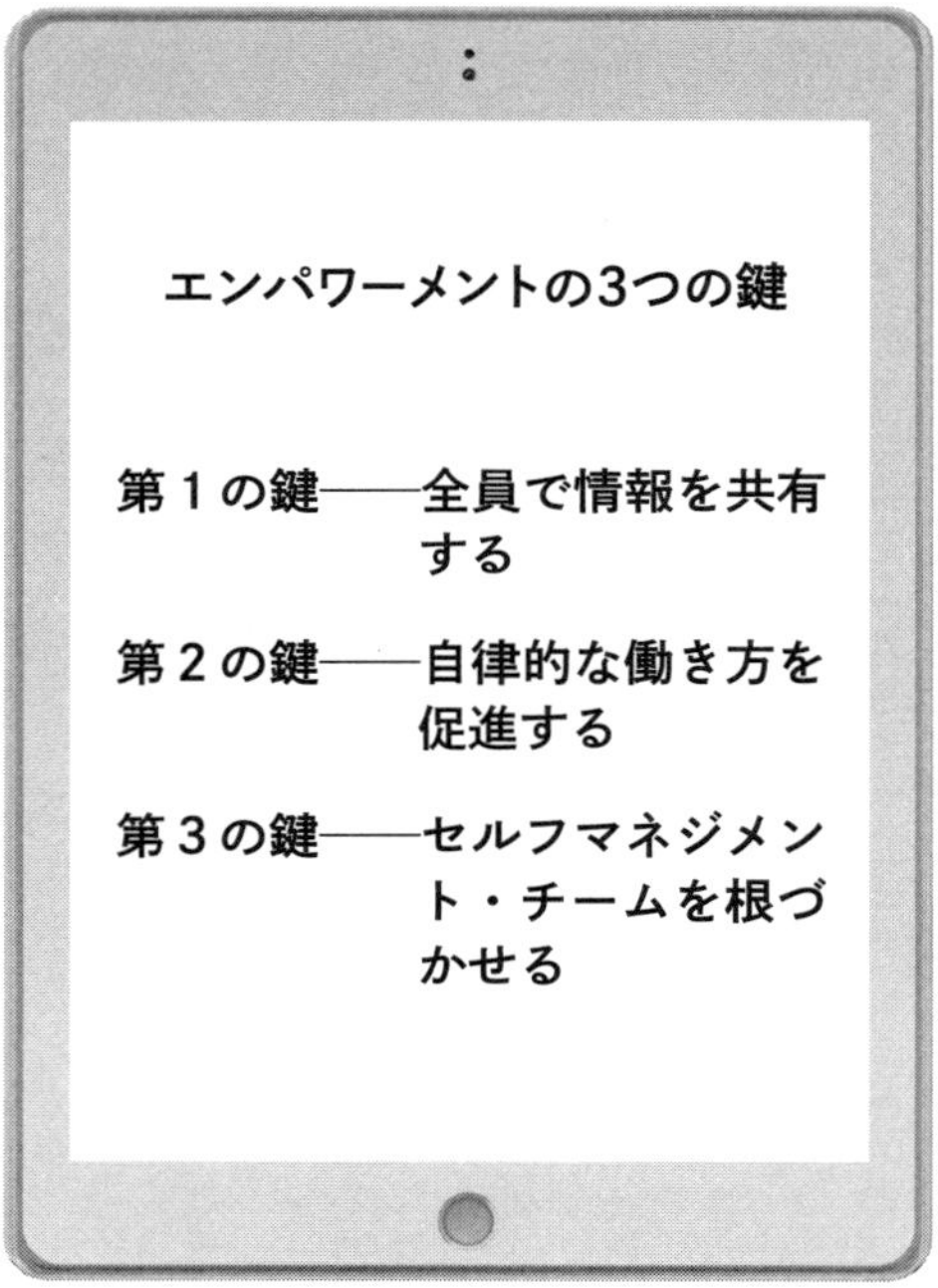
エンパワーメントの3つの鍵
第１の鍵――全員で情報を共有する
第２の鍵――自律的な働き方を促進する
第３の鍵――セルフマネジメント・チームを根づかせる

サンディが読み終えると、マイケルはふたたび勢い込んで話しはじめた。もらったカードや書きためたメモの内容にも触れながら、一気呵成に20分ほども話し続けた。サンディは椅子に深く腰を下ろし、じっと話に聞き入っていた。

話し終えたとき、マイケルは少し息が上がっていた。サンディを見つめて言葉を待った。彼女はおもむろに語りはじめた。

「エンパワーメント組織をつくるための鍵を、すっかり理解されたようですね。要点をしっかりつかんでおられます。試験ならA評価間違いなしです」

「でも、この3つの鍵で、本当にエンパワーメントが実現するのでしょうか？」

つねに最終結果を重視してきた経営者らしく、マイケルがたずねた。

「ほかにも、なにか秘訣があるのでは？　この鍵だけで、業務のパフォーマンスが上がったり、社員の満足度が高まったりするのでしょうか？」

「はい、そうです。間違いありません」

にこにこしながらサンディは応じた。

「まず、パフォーマンスの向上について、いくつかお話ししましょう。当社は、エンパワーメントを行ったことで、期待をはるかに上回るパフォーマンスを実現しました。誤解がないように断っておきますが、エンパワーメント以前から、この地域ではリーダー企業でした。でも、もっとうまくやれるはずだと考えてエンパワーメントに取り組んだのです。実際、その通りやってのけることができました」

サンディは話を続けた。

「エンパワーメントに取り組んだ結果、カスタマーサービスにおいて99・99パーセント超という高い顧客満足度を維持しながら、売上げを毎年10パーセント引き上げ、コストは毎年10〜15パーセント削減しました。

それに加えて、社員は毎日元気いっぱいに出社するようになりました。責任は増えたけれど報いも大きいことを知ったのです。仕事のスピードを速め、コストを下げ、品質を高めるようなアイデアを次々と出してくれました。おかげで、ビジネスはすっかり活気づき、お客さまにも愛される会社になりました」

「すばらしいのひと言です。感服しました。エンパワーメントの3つの鍵を使うことでもたらされる、業務パフォーマンスと職務満足度について、もっと話してもらえますか？」

「それなら、もういちど私の同僚とお話しされるのがよいと思います」

そう言いながらサンディは受話器を取り上げ、出荷部門のエリザベス・メドウズと話して、翌朝会えるよう手配してくれた。

「エリザベスはすばらしいアイデアの持ち主です。第一線で活躍していて、会えばわかると思いますが、結果を重視するマネジャーです。とくに情報共有と境界線の明確化という面で、きっと新しい気づきが得られると思いますよ」

「それは助かります。今日はこれでおいとましますが、最後にこれだけは教えておいてやろうということがあればお願いできますか？」

そうマイケルに乞われて、サンディは今日の締めくくりとなる話を始めた。

「3つあります。第1に、おわかりのように、3つの鍵はシンプルで簡単に理解できますが、実行するのは決して簡単ではないということ。

第2に、個人と組織のエンパワーメントは困難な道のりで、しばしばフラストレーションがともなうということです。ゴールに到達するまでに、投げ出してしまいたいという思いに何度も襲われることを覚悟しておいてください。

第3に、3つの鍵を互いにダイナミックに関連しあうものとして見ることが大切だということです。情報の共有は重要な最初のステップですが、エンパワーメントのためには3

つの鍵が全部必要であり、どの鍵を重視すべきかは状況に応じて変わることを忘れないでください」

マイケルはうなずきながら、〝3つの鍵のダイナミックな相互関連〟というキーワードを心にとめた。

「ありがとうございました。参考になりました。エリザベス・メドウズさんに会うのが楽しみです」

8 情報共有がもたらす行動と信頼

翌朝早く、マイケルは目的地に着いた。エンパワーメントによって実際に仕事がどのように変わるのか、本当に結果がついてくるのか、エリザベスから話を聞くのが本当に楽しみだった。

出荷部門のフロアに到着すると、背の高い元気のよい女性が声をかけてきた。

「エリザベス・メドウズです。仕事仲間《アソシエート》たちと私が所有しているフロアへようこそ」

「所有しているとは、どういう意味ですか？」とマイケルはたずねた。

にっこり笑いながら、エリザベスは続けた。

「仕事に必要な情報をすべてもっていて、お客さまにサービスを提供することも、品質を維持することも、会社のために利益を上げることも、ぜんぶ自分たちで決定しているという意味です」

「なるほど。いまのお話で腑に落ちたのですが、じつは今朝、こちらにうかがう途中、たまたま出荷担当の方が電話で話している声が聞こえました。欠品対応の電話のようでしたが、その担当者は、代替品を無料で、明日届くように夜間便で発送する、ということを先方に伝えていました。正直、驚きました。出荷係には普通、そんなことを決める権限はありませんからね」

マイケルのほうをじっと見ながら話を聞いていたエリザベスが言った。

「そうですね。でも、ここで働く出荷担当者は、必要な情報をもっているので、そういう決定を自分で下すことができますし、それで会社になんの不都合も生じないことを知っているのです。実際、彼らは、すぐれた顧客サービスはいずれ会社に利益をもって還ってくることを知っています。欠品を無償で補充するのにかかるコストと、それがもたらす利益を比べて、自分で判断することができるのです」

「どうすれば、そんなことができるのですか?」

エリザベスは、フロアで働く社員全体を指すような身振りをしながら、笑顔で答えた。

「情報ですよ！　タイムリーで、正確で、自由にアクセスできる情報です」

マイケルがあらためて周囲を観察すると、壁にはいたるところにグラフやチャートが掲示されており、どのコンピュータの画面にもチャートや数字が表示されていた。全員、だれの指図を受けるでもなく、てきぱきと働いていた。

「見事なものですね」マイケルはためらいがちに言った。「でも、情報共有が本当に役に立つのか、まだ信じ切れない部分があります。だから昨日、サンディのところに舞い戻りました。エンパワーメントのための3つの鍵が本当に効果があるのか、なんとしても知りたいと思っています。確実な結果が欲しいのです」

エリザベスはまっすぐマイケルの目を見て質問した。

「スーパーマーケットで、お客さまが小切手で支払おうとしているのを見かけることがありますよね。何が起こるか観察したことがありますか？　レジ担当は、まず顧客のＩＤを確認し、その番号を小切手に書き込みます。それから？」

促されてマイケルが続きを話した。

「お客さまはしばらく待たされます。レジ担当はマネジャーを呼び、小切手を承認してもらいます。マネジャーは通路の向こうにいるだれかと雑談を続けながら、小切手にサインをします……これはダメですね。ここですばらしい顧客対応を見てしまったからそう思うのでしょうけど」

「なぜ、ダメなのですか？」とエリザベス。

「この店はレジ担当者を信用していないというメッセージがお客さまに伝わります。頭を使って仕事をするのはマネジャーだけで、従業員は頭を家に置いておき、仕事が終わってから使えばいいと言わんばかりです。なにより、お客さま自身が、店に疑われているような気分になってしまいます」

「そうですね。この一連のプロセスのなかで、レジ担当者の自尊心に何が起こると思いますか？」

「傷つきますね。その傷ついた自尊心は、カスタマーサービスの質の低下につながるのでしょうね」

「その通りです。では、レジ担当者に、不渡り小切手で店が受ける損害についての情報を与えたうえで、小切手を自分で承認する権限を与えたら、どうなると思いますか？」

「不渡り事故が少なくなるのでしょうか？」とマイケルは答えた。

「その通り！　いろいろな調査で判明しているのですが、レジ担当者に任せたほうが不渡り事故は少なくなるのです。おまけに、レジ担当者の自尊心が高まり、お客さまに親切に対応するようになることもわかっています。従業員に情報を提供し、オーナー意識をもって仕事するチャンスを与えれば、彼らは期待に応えてくれるのです」

「なるほどよくわかりました。ほかにもそんな例はありませんか?」とマイケルは頼んだ。

「いいですとも。レストランを経営している私の友人の話をしましょう。あるとき私は彼女に、従業員との情報共有がいかに大切かという話をしたのですが、彼女は取り合おうとしませんでした。情報と従業員の仕事ぶりに関係があるなどと、考えたことがなかったからです。

その間違った思い込みを改めてもらおうと、ある晩、レストランの閉店後、彼女に頼んでスタッフを招集してもらいました。接客係の女性、ウエイター、皿洗い、シェフ、そのほか全員が勢揃いしました。テーブルごとにグループに分かれ、次の質問に答えてもらったのです。『この店では、お客さまが払う代金1ドルのうち何セントが儲けになると思いますか? その儲けが、オーナーの収入や再投資の資金になります』」

「みなさんの答えは?」マイケルはたずねた。

「答えにはばらつきがありましたが、最低が45セント、最高は75セントでした。友人が8

セントだと言ったら、みんな本当にびっくりしていました。レストランは金のなる木とでも思っていたのでしょうか。このような誤った認識が、食器の破損や食材ロスに対するスタッフの態度にどんな影響をおよぼすか想像してみてください」

「私には関係ない、という他人事のような態度になるでしょうね」

「その通りです。友人が情報共有の効果を信じるようになったのは、シェフがこう言ったときでした。

『ということは、15ドルで出している原価6ドルのステーキを焦がしてしまったら、その6ドルを取り戻すのに、5枚も売らなければいけないってことですね』

シェフの計算が正しいことを、その場にいたほかのスタッフも確認しました」

「興味深い話です」マイケルは考えを巡らせながら言った。「つまり、みなさんが自分の仕事をビジネスの言葉で考えはじめたということですね。その後、どんな変化が生じましたか?」

「昨年、友人は従業員に、『店のバランスシートが読めて、その意味を説明できる人しか、給料はアップしませんよ』と言い渡したそうです。すると、レストランの利益率が開店以来初めて10パーセントを超えたのだそうです。友人は増えた利益の25パーセントを従業員に還元しました。彼らは大喜びで、もっとコストを削減する方法はないか、もっと儲けを増やす方法はないか、いろいろ話し合うようになったそうです」

「従業員への信頼は、情報共有という目に見えるかたちで示さなくてはならない、ということですね」

エリザベスは、大きく腕を伸ばすしぐさでフロア全体を包み込むようにしながら言った。

「最初に言ったように、このフロアは私たちのものです。ここで行われている仕事の所有者《オーナー》は私たちなのです。この言葉の意味、わかっていただけましたね？」

そう言いながら、エリザベスは壁に掲示されているスローガンを指さした。

行動のために情報を！
情報を提供すれば奇跡が起こる！

「すばらしいですね。情報共有がどんなに有益なことか、もっと聞かせてください」

「情報が全員に共有され、お互いのあいだに信頼が生まれたら、目標を高く引き上げることができるということがわかりました。現状――コストであれ、利益であれ、なんであれ――を知らせ、それを到達可能な最高地点に引き上げたいと伝えることができるようになるのです。そして、聞く側はその意味を理解することができるのです。

私たちのことを言えば、いくつか特定の指標――オーダー処理時間、顧客レスポンス率、トータル発送コストなど――を設定し、現状がわかるタイムリーで正確な情報を全員で共有しています。必要なときに必要な情報が得られるので、力を合わせて問題を解決し、進歩を実感できるようになりました。

「おなじみのカイゼンの考え方とも似ていますね」マイケルは口をはさんだ。

「そうですね。でも、もっと大事な点は、これが継続的イノベーションでもあるということです。カイゼンは、従業員に情報を与え、スキルや能力を自由に使えることで継続的改善を実施しますが、継続的イノベーションはその先を行きます。これです」

エリザベスは貼り出されていたポスターを指さした。

> すべての失敗《misteak》は、
> 能力《コンピタンス》を高める機会である。

エリザベスは説明を続けた。

「わが社がエンパワーメントを追求しはじめたころ、サンディはこのポスターを社内のあちこちに掲げました。サンディはどうかしてしまったのだろうか、と社員全員が訝《いぶか》しく思ったものです。どうして失敗を奨励するのか、わかりませんでした。あなたもそう思うでしょう？　顔にそう書いてありますよ」

そう言われて、マイケルが答えた。

「私は社員に失敗してほしくありません。いったいどういう理屈で、失敗が能力を高めるというのですか?」

「では、おたずねしますが……」とエリザベス。「あなたの会社で何かミスが発生したとします。あなたの頭に最初に浮かぶ質問は何ですか? 『このミスから何が学べるか?』という問いでしょうか、それとも『だれの責任だ?』という問いでしょうか?」

「正直に言いますが、ほとんどの場合、『だれの責任だ?』でしょうね」

「そうでしょうね」エリザベスは同意した。

「でも、その考えが、すべてを台無しにしてしまうのです。継続的な改善と継続的なイノベーションを望んでいるのに、失敗を責めたりしたら、イノベーションの機運を摘み取ってしまいます。自分の身を守るのに忙しい社員にはイノベーションは起こせませんからね。

一方、リスクを取ること、失敗すること、過去のやり方を変えようとすることを許せば、社員は学習し、大いに能力を発揮してくれるのです。だからサンディは社員に、失敗してもかまわないと考えてほしかったのです。深刻に考える必要なんかない、お祝いしてもいいぐらいだ、と言いたかったのでしょう」

「興味深い話ですね。それで思い出しましたが、以前、イノベーションと創造力を高める方法について書かれた記事で、失敗するたびにお祝いをする会社のことを読んだことがあります。そのときは意味がわからなかったのですが、いまの話を聞いてわかりました」

そこまで話すと、マイケルはさっきから気になっていたことをつけ加えた。

「ところで、〝失敗《misteak》〟のスペルが間違っていますよね。直さないのですか？」

エリザベスはニヤリとしながら言った。

「スペルの間違いを正すのは、失敗を責めてはいけないという精神に反します。わが社では、これが『失敗』の正式なスペルなんです」

「そう認めることで、みなさんは自分も失敗する権利を守っているわけですね？」

「そうかもしれません」

ひとしきり笑うと、エリザベスは真顔にもどって話を再開した。

「ところで、イノベーションを起こそうとしてリスクを取った結果、失敗するのはかまわないと奨励されたとき、社員の行動はどのように変わると思いますか？ 自分の行動に対する責任感を強めるか、弱めるか、どちらだと思いますか？」

マイケルはその問いについて考えながら、自分の人間観、社員に対する考え方が、根本から問い直されているように感じた。

「これまでの私なら、失敗を許したら社員は無責任になる、と答えたと思います。でも、いまの答えは違います。社員はより強い責任感をもって行動してくれると思います。御社では、どんな結果になりましたか?」
「はるかに強い責任感をもって行動するようになりました。これがエンパワーメントがもたらした重要な成果のひとつです。失敗という言葉の定義が、〝悪い〟や〝まちがい〟から〝学ぶチャンス〟に変わったことで、社員は自分の仕事のパフォーマンスを考え、見つめ直すようになりました。言い換えれば、失敗のとらえ方を変えたことが、社員をエンパワーしたのです。

エンパワーされた社員は高いパフォーマンスを発揮するということを、私は何度も繰り返しこの目で見てきました。マネジャーがなすべきことは、向上しつづけるためには失敗がつきものであることを認め、社員に対し、あなたがたは最善をつくすことにのみ説明責任があるということを伝えるだけなのです」

マイケルは笑みを浮かべて言った。
「失敗を責めないということで、思いついたことがあるのですが、失敗を責められると、人は自分を守ろうとします。非難の矛先をかわすために失敗をもみ消そうとします。そうすると、その失敗に関連する、全員にとって学ぶべき価値のある情報が遮断されてしまうことになりますね」

「その指摘は、情報共有が信頼を強化すること、裏を返せば、信頼が損なわれると情報共有が行われなくなるという側面をうまく表していると思います。

ところで、情報共有にはもっと会社の戦略に直結する実際的なメリットがあるんですよ。お聞きになりたいですか？」

マイケルが大きくうなずくと、エリザベスはテーブルの上にあったマグカップを指さした。そこには、大きな文字で「4時間！」と書いてあった。

「この『4時間！』という言葉のなかに、情報共有と、社員に自分の考えで行動させることがもたらした奇跡的なストーリーが凝縮されているのです。

1年ほど前、私たちはこの職場の業務パフォーマンスを調べてみました。すると、お客さまの注文を受けてから発送するまでに3日から5日かかっていることが判明しました。この情報が共有されるまで、だれもそんなことは気にしていませんでした。ところが、この情報を知ってから、みんなが『なぜこんなに時間がかかっているんだ？』と考えはじめたのです。

調べたところ、受注から出荷までのリードタイムの業界平均は2日だということがわかりました。よし、それなら業界平均の半分まで短縮しよう、ということになったのです。どうすればそんな改善ができるか、私たちは真剣に取り組みました。

ポイントは、情報がなかったら、私たちは自分たちの仕事の実態もわからなかったし、改善の必要にも気づかなかったということです。しかるべき情報がなければ、マネジャーが出荷を早めろと叫んだところで、だれも本気で取り組まなかったでしょう」

「なるほど、よくわかりました。自分で発見すれば、自分ごととして本気で取り組める。ただ改善が必要だと思うだけではなく、どれだけ改善する必要があるかを見極めることができる、ということですね」

「その通りです。情報があれば——とくに他社と比べて自分たちがどうであるかという情報があれば——なんとかしなければならないという自覚が生まれるものです。私たちは、仕事のやり方を変えようと自らの意思で決めたのです」

エリザベスがそのことを誇りに思っていることが伝わってきた。マイケルは会社のオーナーから話を聞かされているような気がした。

エリザベスの口調はさらに熱をおびた。

「この問題に気づいてから1カ月ほどで、私たちは受注から出荷までのリードタイムを業界平均の2日まで短縮することができました。でも、それで満足はしませんでした。もっとできるはずだと考えたのです。どこまでできるかやってみようということになって、業務効率に関する情報をモニターしつづけました。その結果、注文対応の方法を抜本的に変えることになったのです。注文はたんなる注文ではなく、お客さまに喜んでいただく貴重な機会になりました。全員がチーム一丸となって機能しはじめました。さらに1カ月後、リードタイムは1日未満まで短縮しました。そして1年後の現在、いまやわが社の標準的な出荷リードタイムは4時間にまで短縮されたのです」

「たった4時間！　3日、4日、5日が4時間になるなんて、とても信じられません！」

マイケルは感嘆の声を上げた。

「ええ、まるで奇跡です。仕事に関する情報を提供し、その情報を利用して自由に仕事をさせる——たったこれだけのことで、こんな驚くような成果が生まれたのです」

マイケルは興奮を隠そうともせず、自分の考えを一気に述べた。

「なるほど、よくわかりました。組織のなかで社員に能力を100パーセント発揮させたければ、情報を共有して、失敗をおそれる要素を取り除かなくてはならないということですね。

職場が安全だと感じられ、新しいことを試す自由が与えられ、すべての情報が共有されれば、社員のなかにオーナーと同じ意識が芽生えます。オーナーというのは、会社全体を見ていて、すべてが正しく遂行されることに責任を負う存在です。力を出し惜しみせず、会社を成功させるために細心の注意を払っています。社員がオーナー意識をもてば、オーナーのように行動しはじめ、その結果、組織はより賢く、より強くなるということなのですね」

それを受けてエリザベスが言った。

「その通りです。そこにもうひとつ大事なポイントをつけ加えておきましょう。エンパワーされた組織では、職位にともなうパワーはさほど意味をもたないということです。それよりも、メンバー各自の専門知識や能力、人間関係、責任ある行動のほうが、ものごとを進めるうえで大きな意味をもつようになります」

「とてもいい話ですね」

そう言いながら、マイケルの頭に、自社が保有するすぐれたコンピュータ技術について、ある思いが去来した。現在、会社のコンピュータシステムを使って、取扱注意の情報を共有しているのはマイケルたち経営トップだけだった。技術は全社員に共有されているのに、肝心の情報は共有されていなかった。

マイケルは、経営陣が意思決定に使っている情報をもっと社員と共有すれば、社内の情報共有にはずみがつき、技術の有効活用になるに違いないと思った。実際、経営陣が社員と情報共有すれば、社員も経営陣と情報を共有するだろうし、社員同士でも情報共有しようとする気持ちが高まるだろう。マイケルは、自分の会社は保有する技術的リソースを生かしきっていないのではないかと反省した。

その思いをタブレットに書き込むと、マイケルはエリザベスに向き直り、話を先に進めた。

「じつは、まだ気がかりなことがあります。エンパワーメントの実現に向けて、すべての社員が真正面から取り組まれたのでしょうか？　なかには逃げ腰の人もいたのではありませんか？」

「もちろんいました。数は少ないですけどね。情報共有によって結果責任も説明責任も重くなるので、それを嫌ったのでしょう。でも、圧倒的多数の人たちは前向きに取り組んでくれました。それは、人間が本来もっている自然な欲求が呼び覚まされたということにほかなりません」

「人間は平凡であるよりも優秀でありたいと願う、と考えておられるのですね？」とマイケル。

「そのとおりです。優秀でありたいという欲求は……つまり、眠らされているのです。これまで長い間、多くの組織では、言われたことだけやっていれば昇進できました。〝波風を立てるな、やがて前に進む〟というのが組織での生き方だったわけです」

マイケルは同意した。

「その結果、率先して何か始めようとか、責任を引き受けようとか、あるいはエンパワーされた存在になろうとかいう場合、あらためて学び直さなくてはならなくなってしまったのですね。私はまさにその学び直しの真っ最中です……。

さて、次は、境界線を明確にして自律的に働ける範囲をはっきりさせたときに、どんな変化が起こったのか、話していただけるでしょうか？」

「喜んでお話ししましょう」エリザベスは快く応じた。

「カフェテリアに行きましょうか。コーヒーでも飲みながら話しましょう」

9 新しい境界線で社員は成長する

マイケルとエリザベスは歩きながら話した。エリザベスは、エンパワーされた組織ではさまざまな枠組みが新しい意味をもつようになる、ということを説明しはじめた。

「社員に情報が与えられ、自分の現状がわかるようになってくると、境界線は行動を制約するものではなくなり、行動を正しい方向へ導くガイドラインとなります。

合意された境界線のなかで、職務を遂行するための完全な自律と責任が社員に与えられます。たとえば役割や目標について見てみましょう。会社のビジョンという全体図を各人の役割や目標という部分図に展開させることについて、きっとジャネット・ウォがお話ししたでしょう？」

「はい、その話はジャネットさんから聞きました（5章参照）」

「これはとても大事なポイントです。個人の役割や目標、仕事の進め方を決めるのは、経営陣と社員の共同作業です。経営陣と社員が互いに相談しながら全体図と部分図を同時に書いていく、双方向の共同作業です。ビジョンが明確であれば、自分の作業や仕事が描かれた部分図が、会社全体の使命や目的が描かれた全体図のどこに当てはまるかがわかります」

「全体図と部分図の関係について、なにか具体的な例をあげて説明していただけませんか？」とマイケル。

「靴を返品したことはありますか？　家に帰って履いてみたら、たちまち足が痛くなるほど合わないことがわかって、翌日あわてて店に返しに行ったというような。店員から、別の靴を買うならその代金分は差し引くが、返品希望の靴は今日からセールなので、買ったときの半額にしかなりませんと言われたらどうでしょう？」

「そういう体験はありませんが、頭にきそうですね」

エリザベスは話を続けた。

「先週、私はそういう体験をしました。ただし、店員の対応は正反対でした。彼女に事情を話すと、ほかの靴をすすめられました。残念ながら気に入るものがなく、物色している時間もなかったので、返金を希望しました。彼女は承諾してくれて、返金処理を始めました。ところが、その靴はそのときセール対象品になっていて、間の悪いことに、私はレシートをもっていなかったのです。でも、セール価格以上の代金を払ったことは間違いありません。彼女は、問題ありませんと言って、システムに登録されていたセール価格を訂正して、私が払ったのと同額を払い戻してくれたのです。

私はすっかり感激してしまって、数日後にその店をたずね、その店員から靴を2足買っちゃいました。私も店も得をした。いい話だと思いませんか？

どうして、こんなにうまく事が運んだと思いますか？　彼女が立派なセールスパーソンだったということもあるかもしれませんが、それだけではありません。店員教育によって境界線が示され、それによってエンパワーされた彼女は客である私を助けることができたということなのです」

マイケルが自分の考えを整理しながら言った。

「店が定めた一定のガイドラインのなかで、その女性店員には、仕事の仕方について裁量権が与えられていたということですね。境界線が競技場とルールを定め、その競技場内でルールに従う限り、彼女は自由にプレイすることができるということなのですね」

エリザベスはうなずき、マイケルにほほ笑んだ。

マイケルは話を続けた。

「たしかにこれは、〝境界線〟と〝枠組み〟といった言葉に新しい意味をもたせるものだと思います。

これまで人びとは、組織が定める境界線と枠組みのなかで働くことに慣れきっていました。境界線と枠組みは、行動にしばりをかけ、考えを制限し、リスクを取らせないためにありました。ミスが発生したときの是正措置は、責任者を罰することでした。

ところが、いまあなたが話しているルールや境界線は、それとは意味が180度違っていて、責任を引き受けること、オーナー意識をもつこと、エンパワーされることを奨励する方向に作用しています。このような意識の大転換を、社員のみなさんにどうやって浸透させたのでしょう？　あれこれ問題が噴出したのではありませんか？」

マイケルの問いにエリザベスは答えた。

「ええ、それなりに問題はありました。当初私たちは、それまでのルールや枠組みをほとんどご破算にして、スローガンによって社員を方向づけようとしました。でも、それはうまくいかないことがわかりました。かけ声だけかけられても、社員は何をすればいいのかわからず、失敗を恐れて責任をともなう行動をためらったのです。きのうまでコントロールされた環境にいた社員が、一夜のうちに、自律と責任を負う環境に移行することなど、どだい無理な話だったのです」

マイケルが口をはさんだ。

「ビリー・エイブラムズさんも、セルフマネジメント・チームの話をしているとき、似たようなことを言っていました。マネジャーは、最初は強い指示的リーダーシップスタイルから始め、徐々に支援と委任によるリーダーシップスタイルに移行しなければならないということを彼から教わりました（6章参照）」

「そう、そこにパラドックスがあるのです。意識の転換に取り組みはじめた当初は、社員が動揺せず安心して働くためのルールや枠組みが必要です。ただし、そのルールや枠組みは、古い階層組織で幅を利かせていたようなものではなく、エンパワーメントに向かおうとする価値観がにじみ出るようなものでなくてはならないのです。

このパラドックスを忘れないように、メッセージを書いたカードをつくりました。ここでは大勢の人がこれをデスクに置いています。

新しい境界線は、すべての社員が、責任感と自律心をもって行動することを助ける。

「これについても、なにか例をあげていただけますか？」とマイケル。

エリザベスは答えた。

「いいですとも。これからする話は、私たちが失敗の〝修復〟にどのような価値を置いているかを物語るエピソードです。ある顧客に、ある製品《コンポーネント》を出荷したときのことです。それを現場で組み立てようとしたときに、設置場所に収まらないことが判明しました。顧客サイドの設計技師とも確認を取っていましたし、事前に現場確認も行い、仕様書にも厳密に従っていたはずなのですが、どこかで間違いが入り込んだのです。その修復には1万ドルかかることがわかりましたが、それはその案件でわが社が得る利益とぴったり同額でした」

マイケルも思わず顔をしかめて言った。

「やっかいなことが起こりましたね。どうなったのですか？」

「以前なら、『だれのせいだ！』と犯人さがしが始まったかもしれません。設計技師なのか、顧客側の担当者なのか、あるいは社内のどこかの部署なのか……。

でも、そのときの私たちにはガイドラインがありました。『ミスが発生したら、まず、なんとしても修復し、次に、ミスから学べ』というものです。社員教育では、『どのように修復を図れば、お客さまに満足していただけて、自分たちも有意義な学びを得られるか？』と自問することも学んでいました」

「すばらしい質問ですね。真摯な姿勢を感じます。どうやって、こんな深い質問がつくられたのでしょう？」

「エンパワーメントに取り組んだ当初から掲げられていた価値観、それと全員で行った話し合いから生まれてきました。同じようなルールはほかにもありますが、要は、会社の価値観を行動ルールに変換していったと言うことができます」

「私の会社でこんなミスが起こったら、顧客対応が終わったあとで、何人か首が飛ぶかもしれません。こちらではどんな展開になったのでしょう？」

「まずお客さまに、当社は必ず問題を解決します、と約束しました。そして、工事業者や設計技師と協力して、設置場所と製品の設計変更を協議しました。その一方で、社員を現場に派遣して変更箇所を洗い出し、費用を見積り、修復のための作業計画を立てました。これらすべてが終わったあとに、この失敗から何が学べるかを検討するために特別チーム《タスクフォース》をつくって事実関係を調べました」

「それで、結局どうなりましたか？」とマイケルはたずねた。「この一件が御社に与えた収支面でのインパクトに興味があるものですから」

「大切なお客さまを失わずにすみました。それだけではありません。このお客さまは、私たちの対処の仕方がすっかり気に入り、次々に新しい取引先を紹介してくださいました。そのとき獲得した新しいお客さまとは、それ以来のお取引をいただいています。

それ以外にも、この一件から私たちは1万ドルの授業料に見合う学びをしました。たとえば、なにごとも最初から間違いなく行うことが大切だという事実を、全社員がもういちど胸に刻むことができました。たとえ失敗しても、自虐的になったり犯人さがしをするのではなく、価値観に裏打ちされたガイドラインに従って行動すれば、事態は必ず修復できるという自信をもつこともできました。

さらに、新しい枠組みには、社員の直感的な問題解決力を引き出す効果があることもわかりました。というのは、この件で解決の決め手になったのは、設置場所と製品の両方を設計変更するということだったのですが、それを考えついたのは、この件にはあまり関係のない社員でした。彼女のなかで直感的にひらめくものがあったのです。

まだありますよ。この修復プロジェクトに貢献した社員たちは、その体験を通して磨きをかけたマネジメント思考や専門知識を、その後の仕事にどんどん活用しています」

マイケルは、なんて大きな見返りなんだろうと感心しながら口を開いた。

「よくわかりました。失敗は進歩と能力開発のチャンスであって、あらさがしなどしている場合ではない、ということですね」

エリザベスが答えて言った。

「こういう新しい枠組みのなかで自由に仕事ができるのは、ほんとうにすばらしいことです。その自由には説明責任と結果責任がともないますが、その責任の基準さえ、自分たちの成長とともに自分たちの判断で引き上げていけるのです。それもまたすばらしいことだと思います。

あちら（次ページ）を見てください。私たちが〝おしゃべり部屋〟と呼んでいる部屋ですが、自由と責任について書いたポスターを壁に貼り出しています」

「おかげで情報共有と境界線について理解が深まりました。ずいぶん長時間おじゃましまして

エンパワーメントには、行動の自由があり、結果に対する説明責任がある。

しまったので、そろそろ……」とマイケル。

「お役に立ててうれしいです」とエリザベスは温かい言葉を返した。「ちょうど、第3の鍵であるセルフマネジメント・チームについて、情報サービス部門のルイス・ゴメスを紹介しようと思っていました。きっと興味深い話をしてくれると思います。階層組織をチームに取り替えようとしたときの苦労話です。ご案内しましょう」

情報サービス部門へと向かいながら、エリザベスは話を続けた。

「最後にもう一点だけ、お話ししておきたいことがあります。エンパワーメントのための取り組みには、固定的な公式はないということです。境界線にしても、社員がエンパワーされるにつれて範囲が広がっていきます。そういう変化は組織のいたるところで生じます。社員は自分たちで、自分と仲間のゴールを決めていきます。新しい役割を引き受け、改善を続けます。当初の期待をはるかに超えるレベルで、チームとして効率的に働くようになっていきます……。

これぐらいにしておきましょう。チームの話は、ルイスのために残しておかなくては」

10 チームが自ら動きはじめる

ルイス・ゴメスの職場に向かいながら、マイケルはセルフマネジメント・チームの話が聞けることにわくわくしていた。

ルイスは力強く握手しながら、あいさつをしてくれた。

「それでは、会社がチームを中心に動く組織に変貌していくプロセスをご説明しましょう。じつは私、この話をするのが好きなんです。たぶん、この四半期のあいだチームリーダーを務めたことが関係しているのでしょう」

すかさずマイケルがたずねた。

「チームの運営について、経営陣からルールを言い渡されたのですか？」

ルイスが答えた。

「トップが決めたルールは、ほんの少しだけです。実際、次の4つの基本ルールだけでした。それだって、サンディたち経営トップが全従業員を関わらせてまとめたものです」

1　なによりもお客さま第一で行動すること。
2　会社の利益を追求すること。
3　品質を高めるための意思決定は柔軟に行うこと。
4　社内の他部門とつねに情報を共有すること。

「でも……」とマイケルは口をはさんだ。「たったいまエリザベスさんから教わったばかりなのですが、チームをエンパワーするためには新しいルールと境界線が必要なんですよね？」

「その通りです。でも、それは最初のうちだけです。私たちにも、はじめのころは上から言い渡された枠組みやルールがたくさんありました。でも、ずいぶん時間をかけて成長したいまでは、そういうルールもチームの内部から生まれてきます。詳しく話しましょう」

「お願いします」とマイケル。

「1年以上前のことになりますが、改革に取り組みはじめたとき、サンディがこんなことを言いました。『私のゴールは、組織のピラミッドをたんにフラットにするだけではありません。事業活動に関わる意思決定においては、ピラミッドの上下を逆さまにしたいのです』と」

「意思決定においてピラミッドの上下を逆にする、とは？」

ルイスはたとえ話で説明を始めた。

「ここに赤と青の2つの受話器があるとしましょう。赤は社長との直通電話、青はお客さまからの直通電話です。2つの電話が同時に鳴ったら、どちらを先に取りますか？」

一瞬考えてマイケルは答えた。

「社長直通のほうでしょうね」

「なるほど。そこに多くの組織が抱える問題があるのです。先に青の受話器を取っても、だれからも文句を言われない組織にならないかぎり、ピラミッドを逆さまにすることはできません」

ルイスは話を続けた。

「たまたま耳にしましたが、あなたの会社でも、マネジメントの階層を減らす組織改革をなさったそうですね。でも、ただ階層を減らすだけでは、仕事の進み方の根っこの部分は変わりません。

私たちからお聞きになったようなステップを踏んで、具体的な行動を取らなければ、なにをやっても組織は垂直型組織でありつづけます。社員はお客さまに目を向けず、上司の顔色をうかがうばかり。彼らの忠誠心は、会社や会社がめざすゴールにではなく、自分の所属する狭い部門的利害に向かいつづけます」

「まったくです」マイケルは自分の会社のことを思い浮かべながら、強く同意した。

ルイスは話を続けた。

「エンパワーメントが進むと、社員は業務上の判断をするときに上司を頼らなくなります。問題が発生しているその場で、責任をもって解決するようになるのです」

「社員のみなさんは、その責任を前向きに受けとめたのですか？」

「最初のうちは、責任が重くなることを嫌う社員も少なくありませんでした。昔ながらの、『それは私の担当じゃありません』という感覚が残っていたわけです。『責任が増えるなら給料も上がって当然だ』という声も聞かれました。変化に抗《あらが》う態度にどう対処するかは、マネジャーとして学ばなくてはならないことのひとつでした。エンパワーメントを実現させるために、私たちはなんとしてもその壁を乗り越えなくてはなりませんでした」

「態度を改めてもらうために、なにから手をつけたのですか？」

「サンディが、意思決定は組織のいちばん下、つまり最前線で行わなくてはならない、という信念を説きつづけたのです」

「ピラミッドの上下が逆転したのですから、〝最上層〟と言うべきでは？」

「ごもっとも！」とルイスは笑った。「それまで、そんな重要な決定を自分で下したことのない社員たちにとって、新しいスキルと新しい仕事の進め方が必要になりました。要するに、責任をもって意思決定するチームのなかでの働き方を学ばなければいけなくなったのです」

「みなさんの反応はどうでしたか？」

「とまどっていましたね。悪くない話のようだけど、実際にそれが何を意味するのか見当がつかない、という感じでした。それはマネジャーも同じです。みんな困惑して弱気になっていました。マネジャーだって、これまでそんなことをしたことはなかったのですから。あのころは、だれもが不安と不満を募らせて混乱していました。かけ声だけではエンパワーメントは進まないという現実に直面したわけです」

それを聞いて、マイケルは最近、自分の会社で起こったことを思い出した。

「いまのお話は、私の会社で起こったこととまったく同じです。どうやってその混乱状態から抜け出したのですか？　私はまったくお手上げで、降参寸前でした。それでこちらに駆け込んだわけですが」

「われわれも不安と不満でギブアップ寸前でした。しかし、2つのことのおかげで気持ちが変わり、混乱から抜け出すことができたのです。まず、サンディがあきらめませんでした。全社員に対し、まるで全員がマネジャーであるかのような内容と言葉づかいで、がまん強く語りつづけたのです。わかりやすい例が、彼女が始めた〝お知らせメモ〟です」

「お知らせメモ？」

「たいていの会社のメモがどんなものか、たぶん想像できますよね？　組織の上のほうから回ってきて、電気を無駄使いするなとか、紙を節約しましょうとか、どうでもいいような思いつきが書いてあります。それを読んだ社員は、ニヤリと目配せしながら、『はい、はい、わかりました』などとつぶやくわけです。まもなくマネジャーが自分の部屋から出てきて、部署の全員に、そのメモを実行するための方法を通達します。社員はまるで先生に小言を言われる小学生です」

マイケルは思わずため息をついた。

「私が見てきたのも、やってきたのも、まさにそんなメモばかりです」

ルイスはうなずいた。

「このようなメモは〝指図メモ〟です。〝お知らせメモ〟はそれとは違います。いまの電気や紙の節約のケースを使って説明しましょう。

サンディのメモなら、まずコストに関連して、ピシッと核心に触れる情報が、部門ごとの問題点が見えるような形で示されているはずです。『全員でがんばりましょう』などという精神論は書かれておらず、合理的な資源節約の方法を決めるのに必要な情報が示されていることでしょう。

私たちも、この〝お知らせメモ〟をはじめて受け取ったときは、顔を見合わせながら読み返したものです。『自分たちで決めなさい』と言われているとわかるのに、時間はそれほどかかりませんでした。

この部署のことを決めてくれる人はどこにもいない、私たちが自分で決めなくてはならない、という明確なメッセージが伝わったのです。まもなく職場で意見の交換が始まりました。なにができるかという話が、なにをやりたいかという話になり、なにをやるかを決める話に変わっていきました」

マイケルがそこで質問した。

「自分たちで意思決定するという部分はわかりましたが、決定したことを実行に移すという部分は、どんなふうに進めていったのですか？」

「簡単です。自分たちの問題の解決策を自分たちで決めたのですから、その解決策はもう自分たちのものだということです。自分自身のことですから実行は当然なのです。たとえば、あなたがだれかと話し合って何かを決めたとしましょう。当然ですが、二人とも決めた通りにやろうとするでしょう？　もし相手がやらなければ、もう一方の人が文句を言うでしょう？」

マイケルはなるほどそういうことかと納得してうなずいた。

「でも、そうするとマネジャーの仕事は何でしょうか？　チームがセルフマネジメント・チームへと成長していく過程で、マネジャーはどんな役割を果たすのでしょうか？」

「さっき、かつて会社が不安と不満で混乱していたとき、２つのことのおかげでそこから抜け出せたと言いましたが、その2つめが、いまの質問の答えになります――訓練《トレーニング》です。チームがセルフマネジメント型に変わっていくとき、社員を訓練することがマネジャーの役割になります。

マネジャーたちは、自分の行動を変えなくてはならないことを理解しました。一般社員も理解しました。でも、何から手をつけたらよいのかわかりませんでした。そこにサンディから、全社員に、チームスキルの研修を受けるようにという命令があったのです」

「研修を受けなさい、という命令？」マイケルは、おうむ返しにたずねた。

「そうです。サンディは研修は自由参加ではなく、会社の価値観を社員に徹底するための必須事項と考えているのです。全社員にチームスキルの研修を受けることを義務づけました。いったん研修のスケジュールが決まったら、個人的な緊急事態以外のキャンセルは認めないと言いました。『仕事の都合で研修中の社員を呼び戻したくなったら、私に連絡してください。私がその人に代わって仕事をします』とまで言ったのです」

ルイスがそこまで話したとき、チームメイトがやってきて質問をしたので、ルイスは対応のために席をはずした。

マイケルは、「義務づけられた研修」ということでルイスが何を言おうとしていたのだろ

う と考えた。自分の会社や他社で、社員教育や社員研修など、トレーニングと言われるものがどのように行われているかを考えた。

研修のスケジュールが決まった後でも、つまらない組織的な理由で上司に取り消されてしまうことが少なくない。副社長が来るとか、棚卸しの人手が要るとか。それを思えば、サンディ・フィッツウイリアムは変革のためには研修が必須だと確信しているリーダーであることが明らかだった。

ルイスが戻ってきたので、マイケルは、実際にサンディが研修中の社員の穴埋め仕事をしたことがあったのかとたずねた。

「それは1回もなかったです」とルイスは答えた。「さすがに、会社のトップがそこまで言えば本気度が伝わりますから、トレーニングは順調に進みました。エンパワーメントの第2の鍵を覚えていますよね？」

「明確な境界線を引いて、自律的に行動できる仕事の領域を設定することがエンパワーメントに通じる、ということでした。なるほど、研修を必須とする明確な線を引いたから、うまくいったということですね。

ところで、さきほど、不安と不満でチームが混乱した、という話がありましたが、みなさんはその時期をどうやって乗り越えたのですか？」

「けっこう時間がかかりましたよ。訓練中に学んだのですが、集団《グループ》というものは――個人も同じでしょうけど――ある定まった発展段階をたどって成長するのだそうです。そして、段階ごとに異なるタイプのリーダーシップが求められるというのです」

マイケルはメモを取るためにタブレットを取り出しながら、「グループの発展段階について教えてもらえますか」と頼んだ。

「グループが形成された当初は、通常、メンバーはとても熱心です。しかし物事の進め方を知りません。だれが、なにを、どうすればよいのか、という基本的なことがわかっていないのです。この時期を〈方向づけの段階〉と言います。この段階では、チームには強く明確なリーダーシップが必要です。だれかが課題《アジェンダ》を設定し、チームとしての取り組みをひとつにまとめなくてはならないのです」

ルイスは続けた。

「当初、わが社のマネジャーはそんなふうにチームをリードすることができませんでした。すると、チームは第2段階の〈不満の段階〉へと移行しました。チームとして仕事をするのは、メンバーが思う以上に難しいというのが現実なのです。不満を抱えたチームには、引き続き強く明確なリーダーシップが必要ですが、同時に支援も必要です。メンバーの話をじっくり聞くとか、少しでも前に進むよう励ますという態度のことです。

この不満の段階は、どうにも気詰まりな段階なのですが、セルフマネジメント・チームになるために不可欠な段階です。このときわれわれは、ためしに〝チームコーディネーター〟という役割を設けたのですが、この役割はいまも続いています」

「私の会社にもチームリーダーという役割がありますが、あなたの言うチームコーディネーターは、それとは少し違うようです」とマイケル。

ルイスはうなずいた。

「チームが結成されたばかりの初期段階では、チームコーディネーターは、多くの意味で通常のマネジャーとして行動しました。そのうち、メンバーが力を合わせてチームとして働くことに慣れてきました。それが3番目の〈解決の段階〉ですが、この段階で私たちはコーディネーターを交代制《ローテーション》に切り替えました。コーディネーターの役割はチームの支援とファシリテーションです」

ルイスはさらに話を続けた。

「チームメンバーには、他の部門で何が起こっているかをよく知ってもらうことが大切です。そこでコーディネーターには、週に一度、他部門との合同会議に出席し、その内容をメンバーに報告してもらうことにしました。それは、この会社の基本的な価値観のひとつである、部門の垣根を越えた資源活用や交流研修にも役立っています。

意思決定のほとんどはチームが行いますが、決定後の事務処理や勤務シフト作成のような細かい作業はコーディネーターが行います。

コーディネーターは、次にコーディネーターになる人の訓練も行います。だんだんわかってきたのですが、グループ成長の最終段階である〈成果発揮の段階〉になってくると、コーディネーターの役割は、それほど重要でなくなります。チーム自体がメンバーを導き、支援するようになってくるからです。

この段階になると、チームのなかにある多様性《ダイバーシティ》が価値をもちはじめます。われわれが今日直面しているような複雑な問題に対処するうえで、多様性が大きなプラスになることを何度も経験しました。多様性には、人種や性別だけでなく文化的側面も含まれますし、能力やスキル、主義主張《オピニオン》も含まれます。個々のメンバーがもつユニークなスキル、視点、知識などをもちよれば、どんな問題にもすばらしい解決策が見つかることを実感しています」

「そんなふうに社員の能力や貢献度が高まると、会社全体の力は、社員個人の力の総和を超えてしまうことでしょうね」

ルイスの話をそう要約したうえで、マイケルは質問した。

「とはいえ、多様性というのは扱いが難しいですよね。みんなが同じ考えだったほうが楽なこともあります。チームのなかで衝突はありませんでしたか？」

「もちろん、ありました」とルイス。「何度も苦い教訓を学びましたよ。お互いの力を利用し、意見の違いを掘り下げて合意を形成することができず、強引に決めざるをえなかったこともあります」

「そういう場合は、どうなりましたか？」

「裏目に出ましたね。次に何かを決めようとしても、意見を切り捨てられたメンバーは協力してくれなくなりました」

「チームの発展のためには、人間関係のスキルがすごく必要だということですね」

「まったくその通りです。なにか込み入った決定を行うときは、全員に意見や懸念を発言してもらうことが大切ですね。たんに公平さを保つためではなく、個々の才能を問題解決に活かすためにそうすべきなのです」

「チームがこの段階に達すると、どんなことができるようになるのでしょう？」とマイケルはたずねた。

「チームが重要な意思決定の責任をどんどん取るようになりました。多くのチームが、以前なら経営者が行っていたような仕事をどんどん——すべてとは言いませんが——やるようになりました。人材採用、規律順守、人事評価、資源配分、品質保証といったようなことです。つまり、セルフマネジメント・チームが従来の階層的マネジメントにすっかり取って替わったということです」

「驚きました！」マイケルは思わず大きな声を出した。そして、感に堪えない面持ちでゆっくりと首を振った。

「どうかしましたか？」とルイスがたずねた。

「今日、何度かにわたって、エンパワーメントには確かに効果があるという話を聞かせてもらいました。これまでの私の思い込みが、根底からひっくり返されたような気がしています」

「そんな気持ちになったのは、あなたも私たちの仲間入りをしたということです」

ルイスは笑いながら先を続けた。

「ほとんどのマネジャーは、そんなことまで部下に任せてしまうなんて正気の沙汰じゃない、と言うでしょう。トラブル続出は火を見るより明らかだ、と。古い指揮命令型マネジメントの下で働くことに慣れた社員にやらせれば、きっとそうなるでしょう。しかし、エンパワーされた社員――情報を提供され、仕事の境界線を明確に示され、セルフマネジメント・チームとして行動するための訓練を受けた社員――であれば、決してそんなことにはなりません」

ルイスは話を続けた。

「会社がエンパワーメントに取り組むようになってから、私は、人間の能力という資産が会社のなかで未開拓のまま眠っていることを痛感しました。

会社が自分を信頼し、知恵と能力を発揮してほしいと望んでいることがわかれば、社員のなかにある責任感がその人を突き動かします。その社員にすれば、ついに自分の会社だと思えるときが到来したようなもので、もっといい会社にしてやろうという気になるでしょう。

そんな思いを抱いた社員の知恵とエネルギーを、お客さまに奉仕するという会社挙げてのコミットメントのために結集させることができれば、強い組織が生まれることは間違いありません」

さらにルイスは続けた。

「会社はよくなり、社員は成長し、新しいスキルや能力を向上させていきます。ですから、成長も向上も止まってしまった社員がいたら、この会社には居場所がないと言うしかありません。そういう人は、言われなくても自分から去って行くでしょう。

でも、成長したい、能力を高めたい、成果を上げたいと望むなら、その人には会社に居場所があります。そういう人のいる会社は、多くの面で利益を上げることになるのです。

セルフマネジメント・チームの利点を書き出してみました。これがそのリストです」

マイケルがリストを見ながら言った。

「このような利点を実現させるには、セルフマネジメント・チームには情報がたっぷり必要だということですね。ここでも、情報共有がエンパワーメントの第1の鍵だという意味がよくわかりました」

「その通りです。今後、情報共有の必要性はますます高まるでしょう。この会社でも、情報を記録し、多くの社員に使ってもらうために、よりよい仕組みを開発しなくてはなりませんでした。現代のコンピュータ技術のよいところは、すぐに使える情報を、社内ネットワークを通じて全社員に提供できることです。社員はつねに、いま会社で何が起こっていセルフマネジメント・チームの利点――

・職務満足の増大
・態度の変化――「仕方なくやる」から「やりたいからやる」へ
・社員のコミットメントの強化
・従業員と経営者のコミュニケーションの円滑化
・意思決定の効率向上
・仕事の質の向上
・オペレーションコストの削減
・会社の利益拡大

るのかがわかります。チームは責任を果たすために、かつてないほど大量の情報を必要としているのです」

ルイスは説明を続けた。

「とはいえ、徐々にわかってきたのですが、チームが進化するにつれ、メンバーたちは本当に仕事に役立つ情報だけを求めるようになりますから、使いもしない情報を要求して情報サービス部門を困らせるような事態はむしろ減ってきます。

具体的に言うと、準備しなくてはならないレポートの量が以前より減りました。チームにとって重要なレポートだけ用意すればよくなったからです。どのチームも自分たちの仕事の大切さを知っているので、もっとよいやり方はないか、自分たちのスキルや能力をもっと活用できないか、と考えつづけています。つまり、会社が自分たちの会社になった、ということなのです」

「すばらしい話をうかがいました！　エンパワーメントがどのように進んでいくのか、会社の業績にどんなインパクトがあるのか、ようやくわかった気がします」

「お役に立ててなによりです」ルイスがにっこりほほ笑んだ。

ルイスに感謝の言葉を述べながら、マイケルは考えた。

もういちどサンディのところに立ち寄ってみよう。エンパワーメントの国に旅立つ前に、なにか最後のアドバイスがもらえるかもしれない。

Ⅳ

成功はすぐそこにある

11 信念を貫けばエンパワーメントは実現する

有意義な学びができたことに満足しながら、マイケルはサンディのオフィスに向かった。サンディが笑顔で迎えてくれた。

「出発の準備は整いましたか？」

「はい、なんとか。みなさんが親切に教えてくださったので、たくさんのことを学べました。３つの鍵を実行に移すのはたいへんそうですが、私の会社の社員にとってすばらしい贈り物になりそうです。学んだことを会社に持ち帰って役立てたいと思います」

「エンパワーメントの国への旅は困難な道のりですから、信念が試されるときが必ずやってきます。どうか信じ抜いて、やり抜いてください」

「とくに3番目の、階層思考を廃してセルフマネジメント・チームと取り替えるという鍵は、信じ抜くのが難しそうです。情報共有も難しいと思いましたが、チームの役割については、あまりにもこれまでの考えと違いますから」

そのコメントを聞いて、サンディが言った。

「まさに問題はそこなんです。そこでマネジャーたちはエンパワーメントの全体を懐疑的な目で見るようになってしまうのです」

「エンパワーメントを推し進めようとすると、混乱と不満は避けられず、そしてその状況に立ち至ると、どうやってもコントロールすることなど不可能に思えますからね」マイケルが沈んだ声で言った。

「マネジャーたちがエンパワーメントを疑うのは、なぜだかわかりますか？　責任をもたされると、自分で管理したくなりますよね」

「当然です」

「でも現実には、エンパワーメントをめざしているのですから、社員をコントロールするという考えは捨てなくてはなりません。しかも、それなのに結果には説明責任を負わなくてはならないのです」

「マネジャーにとっては恐ろしい状況ですね」とマイケル。

「とくに、〈不満の段階〉が到来し、リーダーシップ不足で次の〈解決の段階〉に進めなかったりすると、それはさらに恐ろしいことになります」

「そこでチームスキルの訓練が役立つというわけですね？　単純な話、グループの成長過程で不満が噴出するのは自然なことで、想定内であると教わっているだけでも、実際にそうなったときにあわてなくてすむでしょうからね」

「だからこそ私は訓練を命じたのです」とサンディ。「じつは以前にもエンパワーメントを試みたことがあるのですが、そのときは、不満の段階が避けられないことも、これほど厳しいものであることも知りませんでした。会社が混乱と幻滅に覆われたときは、私もほかのみんなと同じように身が縮む思いでした。制御不能な、とんでもない怪物をつくってしまったのかもしれない、などと思ったものです。心配でたまりませんでした。なにもかも放りだして職を辞そうかと思ったほどでした」

「でも、そうはしなかったわけですね」

「ええ。でも、なかには逃げ出したマネジャーもいました。エンパワーメントはそこで挫折してしまうことが多いのです」

「あなたはどうやって踏みとどまったのですか？」

「愚直な熱意、とでも言えばいいのかしら」サンディは笑った。「私は自分自身にも、また周囲の人たちにも、いつもこう言い聞かせていました。人間は本来、エンパワーされたいという欲求をもっている。それがきっと、この会社をよくしてくれると。

とはいうものの、あのころは毎晩、デスクに向かって、うつろな目で考え込んだものです。自分はどうなってしまうのだろうと。エンパワーメントの国は遙か遠く、影さえも見えませんでした。会社のあちこちで、リーダーシップの空白がもたらす弊害が生じていました。社員には人との関わり方を大胆に変えようと説きつづけましたが、私もマネジャーたちも、そのために社員をどう指導すればいいのかわかっていませんでした。あのころは全員がイライラしていたと思います」

「それで、どうなりましたか？」マイケルは質問した。

「おもしろいことが起こりはじめました。映画で、ヒーローが絶体絶命のピンチに陥り、見ていて固唾《かたず》を飲むような場面があるでしょう？」

「でも主人公はなんとか窮地を脱します！」

「そう。そこが映画のおもしろいところです。思いがけないところから解決の糸口が現れますからね。同じようなことが、この会社でも起こりました。リーダーシップの空白のなかで、チームメンバーたちがエンパワーメントの光を瞬《またた》かせ、あたりを照らしはじめたのです。チームは自ら決めて行動するようになり、メンバーはリスクを取って発言するようになりました。マネジャーは自ら決定するのではなく、チームが意思決定するのを助けるファシリテーターの役割を担うようになりました。

リーダーシップの空白という不安な状況のなかから、待望のエンパワーメントが産声《うぶごえ》を上げたのです。情報共有、境界線の明確化、チームスキルの訓練など、それまで進めてきたことがやっと実を結びはじめた瞬間でした」

サンディの苦労を聞いて、マイケルが自分を省みて言った。

「私はそこまで耐えられるか、自信がありません」

「だからこそ、エンパワーメントをめざして最初の一歩を踏み出すときは、まず方向づけの段階でめざすゴールを明確に示し、不満の段階に入ったらリーダーシップに支援の要素を増し加えるのです。そのことを肝に銘じておいてください。この段階で最初のビジョンをぐらつかせたら大惨事になりますよ」

「神経がすり減るような混乱のなかでも、社員をどう助ければよいかわからないようなときでも、じっと我慢することがセルフマネジメント・チームへの移行を加速するということなのでしょうね？」

「その通りです」とサンディ。「だれにも解決策がわからないような難問に直面したときでも、社員はあっと驚く答えを見つけ出してくれるものです。そうなればしめたもの、マネジャーは一歩下がって、エンパワーされた社員に存分に腕をふるってもらえばよいのです。そのうちにマネジャーは、チームメンバーのひとりとなって、彼らと肩を並べて働くことになります」

「成功の鍵は、トップが信念をぐらつかせない、ということのようですね」

「そうです。信念を現実化する方法は、それしかありません。ときに身が縮むような恐怖を味わいますけどね」

「最初に、おっしゃいましたよね。エンパワーメントの国への旅は容易ではないと。いま、その意味がよくわかりました。そのことを肝に銘じて、旅に出ようと思います」

並んでドアのほうへ向かいながら、サンディはマイケルを激励した。

「幸運をお祈りします」

「ありがとうございます。いずれ、ご報告にうかがいます」

「いつでも来てください。楽しみにしています」

マイケルに手を振りながら、サンディは力をこめて言った。

「信念を貫いてください。そうすれば必ずエンパワーメントを成し遂げることができます」

12 エンパワーメントのゲームプラン

その夜、マイケルは、あれこれ考えをめぐらしながら、エンパワーメントの国への旅の準備をした。

学んだことを人に説明できるように、かなり時間をかけて、書きためたメモを一貫した流れにまとめる作業に没頭した。

ようやくまとめ終えたものに〈エンパワーメントのゲームプラン〉というタイトルをつけた。エンパワーメントの3つの鍵を要約し、それらの相互作用を矢印で示したものだ。つまり、会社をエンパワーする3条件——①正確な情報を全社員と共有し、②境界線を明確にして自律的な働き方を促し、③階層思考をセルフマネジメント・チームで置き換える——

〈エンパワーメントのゲームプラン〉

はじめに……

[第1の鍵] 正確な情報を全社員と共有する

・会社の現状を知らせ、ビジネスの状況について理解を促す
・情報の共有によって信頼関係を築く
・自分の仕事ぶりを自己観察できる可能性を高める
・失敗を学習の機会とみなす
・階層組織の思考を廃し、全員がオーナー発想で行動することを助ける

↙ ↘

それから……

[第2の鍵] 境界線を明確にして自律的な働き方を促す

・全体図と部分図を明確にする
・ゴールと役割を明確にする
・行動の根底にある価値観とルールを定義する
・エンパワーメントを支えるルールと手順を定める
・必要な教育訓練を行う
・結果に対する説明責任を社員にもたせる

そして……

[第3の鍵] 階層組織をセルフマネジメント・チームで置き換える

・チームの方向づけを行い、スキルアップの訓練を実施する
・チームに変革のための支援と励ましを与える
・メンバーの多様性をチームの財産として活用する
・コントロールを徐々にチームに引き渡す
・困難に襲われることがあると覚悟しておく

をふまえた実行計画《ゲームプラン》だった。

マイケルはそれを全社員に配ることを決めた。

ゲームプラン発表後、数カ月かけて、マイケルと彼の会社は、彼らなりにエンパワーメントの国への旅を始めた。はじめのうち、マイケルは評価や助言を求めてサンディ・フィッツウイリアムのもとに通ったが、自分なりに確信を深めるにつれ、エンパワーメントに向けて独自の道を切り拓いていくようになった。

ときには後戻りすることもあったし、投げ出したくなることもあったが、あくまでもやり通した。困難や否定的な反応はつきものであることをマイケルは知っていたし、折に触れて説いてもいたので、社員たちは3つの鍵を忘れることなく課題に集中し、困難な変革の道のりを歩み切ることができた。

そしてついに、マイケルたちはエンパワーメントというゴールに到達した——だれもが能力を発揮し、才能を伸ばしながら会社に貢献することができ、それによって会社にすばらしい結果がもたらされるという境地に到達したのだった。

いつのまにかマイケルは、かつてサンディが自分にしてくれたように、教えを求めて自分のもとを訪れる人に助言する立場になっていた。そのなかで、何度となく繰り返したのが次の言葉だった。

エンパワーメントは魔法《マジック》ではない。
それを実現させるのは、
いくつかのシンプルなステップと、
やり抜くための強い意志である。

エピローグ――新しいエンパワー・マネジャーの誕生

1年ほど経ったある日、マイケルはある会合でサンディとばったり顔を合わせた。あれから自分がどのようにエンパワーメントの文化を根づかせる仕事に取り組んできたか、教えを求めてきた人をどう助けてきたかを話した。話に花が咲き、マイケルは自分が学んだことをサンディと分かちあった。

マイケルは言った。

「エンパワーメントを実現させることの困難さは教わっていましたが、まったくその通りでした。その経験から、エンパワーメントに至る道のりを教える、私なりの方法を見つけました」

「まあ、ぜひ聞かせてほしいわ」

「チームの発展段階について教わったことが元になっています。あなたから、チームは〈方向づけの段階〉〈不満の段階〉〈解決の段階〉を経て、高いパフォーマンスを発揮する〈成果発揮の段階〉に到達するということを教わりました。

私の考えもそれと似ていますが、私はエンパワーメント実現までに会社がたどる道のりは、3段階に区分すると理解しやすいと思うようになりました。最初は〈出発と方向づけの段階〉です。エンパワーメントの第1の鍵は情報共有ですが、情報共有された社員は可能性の広がりを感じて士気を高める傾向があります。変化の必要性について、もっと知りたいと望みます。情報を共有すればするほど、社員の意欲は高まり、結果に対する責任を引き受けようとします」

そこでサンディが口をはさんだ。

「わかります。これまで手が届かなかった正確でタイムリーな情報を共有されるだけで、気合いの入り方がぐっと違ってきますものね」

「まったくです」とマイケル。

サンディが続けた。

「ところが、その高まったエネルギーを保つのが難しくて、いつもがっかりさせられたものです。情報共有によって多くを知るほど、恐れも増すということかしら。エンパワーメント組織への移行で、自分にどんな影響が及ぶのか懸念しはじめるのでしょう。事態の進展とともに、増していく責任をこなせるだろうか、と不安を感じはじめるのでしょうね」

「その通りだと思います」とマイケル。「それが第2段階の始まりです。多くの社員があきらめたいと思うようになり、すでに何人かは実際にあきらめてしまったという段階です。私はそれを〈変化と落胆の段階〉と呼んでいます。あなたから教わった〈不満の段階〉に似ていますが、それより広範かもしれません」

「よくわかります。もっと考えを聞かせて。お互いに経験を分かちあいましょう」

そう促されて、マイケルは自分の経験を語りはじめた。

「この段階では、社員は行動を変えようとするけれどうまくいかず、落胆しています。そのうちに個人的な気がかりが強くなり、具体的にどう行動すればよいのか教えてもらおうとしはじめます。行動にお墨つきを求め、自分が傷つかないという保証を求めようとします。失敗の恐れと、失敗したときに古い階層思考によって下される罰への恐れによって、エンパワー行動を抑止してしまうのです」

「わかりやすい説明です。でも、変革のプロセスをすっきりと図式化するのは難しいですよね。たどる道筋は会社によって千差万別ですから」

「そうなんです。でも、どんな道筋であれ、不満や落胆はつきものだと理解し、わずかずつでも前向きに行動し、情報共有を進めながら全員を巻き込んでいくなら、チームは猜疑心につぶされることなく、この時期を乗り切ることができると思います。

ところで、不満の段階のあたりで生じるリーダーシップの空白について教えてくださいましたが、覚えていますか?」

「もちろん覚えていますよ」とサンディ。

マイケルは説明を始めた。

「私は、この段階が要するに何に支配されているのか、わかったような気がします。この時期、全社員が居心地の悪さを感じはじめます。とくに、失敗したらどうなるのだろうと心配している最前線の社員にとっては、そうでしょう。だからこそ、この段階では逆方向の情報共有が大切なのです。どういうことかと言うと、マネジャーは聞き役に徹し、社員からマネジャーへの情報共有の流れに注意を向ける必要があるということです。マネジャーが耳を傾ければ、社員は胸の内を語ってくれるものです」

「いい視点だと思うわ。変化の第2段階は、あとから振り返ってはじめて意味を理解できるような、奇妙なパラドックスがいっぱいありますね」

「本当にそうですね。なかでも驚かされるのは、不安を覚える社員に対処しようとするときにぶつかるパラドックスです。〈変化と落胆の段階〉で社員が感じる不安に対処するには、マネジャーは境界線を広げて、社員が自律的に動ける領域と責任を増やさなくてはなりません。この段階にある社員は、自分が思っている以上に能力があるのですが、そのことに気づくためには、広げられた境界線のなかでそれを使う機会が必要だからです。つまり、社員が恐れを克服するのを助けるために、もっと恐ろしい状況をつくってあげなければならないということなのです」

「まったくその通りだわ。エンパワーメントの旅では、これらの段階を通るのが自然ということを理解し、各段階の問題にたいして3つの鍵をうまく使う方法を知っておきたいわね。そうすれば、旅も少しは楽になるでしょうから。

こんどは3番目の段階について学んだことを教えてもらえる?」

「もちろんです。3番目の段階は、トンネルの出口から光が差し込んでくるような段階です。私はそれを〈適用と精緻化の段階〉と名づけました。この段階では、社員にはエンパワーメントの価値が見えています。少なくとも何人かには見えているでしょう。自分の知識と経験を使って会社をよくしたいと望んでいる社員であれば、間違いなく見えているはずです。そんな社員は、エンパワーされることの報酬の大きさを実感しているので、ほかの全員にもエンパワーメントをめざしてほしいと願うことでしょう」

サンディが言葉をはさんだ。

「エンパワーメントは会社のためにだけあるのではなく、個人のためのものでもあるということね。一人ひとりに、大切なことに関わっているという手応えを感じてもらい、自分を誇れる存在になってもらうためのものでもあると」

「言葉が見つからないほど同感です」とマイケル。「それから、この段階に達した組織にとって、残された重要な課題は、さらにもう少し遠くまで進む、ということでしょうね。なぜなら第3段階は、ゴールまであと少しの地点ではあるけれど、まだ最終的なゴールではないからです」

「私も言葉がみつからないほど同感だわ」とサンディ。「ほとんどいいところまで行っていたのに、ゴール直前で力を抜いたばかりに失敗してしまった会社を、いくつか知っています」

サンディはさらに話を続けた。

「第3段階になると、エンパワーメントの3つの鍵は、新しい意味と応用の可能性をもちはじめます。情報共有は全員から全員へ、融通無碍《むげ》の域に達します。境界線は広げられ、会社のいたるところで自律的に仕事が進みはじめます。そして、チームがいよいよ仕事を取り仕切りはじめるのです」

マイケルがつけ加えた。

「まったくその通りです。3つの鍵は、相乗効果を発揮しながら、エンパワーメントをどこまでも、どこまでも、どこまでも前進させてくれます」

サンディが言った。

「そして人びとに、エンパワーされていなければ感じることのない、大事な役割を担っているという実感を与えてくれるのです」

サンディとマイケルの話はさらに続いた。二人は「エンパワーメント」についての知識と、それがもたらす感動を、一人でも多くの人に伝えたいと願った。ほかの人が読んで活用できるように、二人の考えをまとめることにした。

エンパワーメントの国への旅は、

困難だが歩き通すことは可能だ。
3つの発展段階のそれぞれに応じ、
3つの鍵を使いわける術《すべ》を知るなら、
その旅は歩みやすくなる。

監訳者あとがき

星野リゾート代表　星野佳路

旅への出発

1991年、私と弟の2人で父が経営していた軽井沢の旅館を継いだとき、社内には課題が山積していた。最も深刻な問題は人材確保だった。勤務時間は不規則、休日も少ない地方の温泉旅館に就職してくれる人は多くなく、募集広告を出しても応募者は数名しかいなかった。少しでもプラスになるかもしれないと思い、社名を星野温泉から星野リゾートに変更してみたが、中身は何も変わっていないので、せっかく入社してくれた社員の定着も悪く、問題は解決しなかった。社員たちと一生懸命コミュニケーションをとったものの、活気ある楽しい職場にはならず、多くの社員が会社を離れた。そういう組織を経営していた私は、まさに本書に登場するマイケルだったのだ。

1984年、米国コーネル大学ホテル経営大学院の人材マネジメントの授業で、ちょうどベストセラーになっていた『1分間マネジャー』を読み、すぐにケン・ブランチャード教授のファンになった。私が実家を継いで人材確保に悩んでいた頃、教授の新しい書籍『*Empowerment Takes More Than A Minute*』（この本の旧版）が出版され、私は即座に「エンパワーメントの旅」に出る決意をした。

その後の星野リゾートの成長は、同書の教えなくしてはありえなかったと断言できる。今では星野リゾートの象徴でもある「フラットな組織文化」は、ケン・ブランチャード教授が提唱する未来型の組織そのものだ。同書の中に何度も繰り返して出てくるのは、その旅は簡単ではないということ。今までの固定観念を捨て去り、短期的副作用を克服し、失敗を辛抱強く修正していく必要がある。当時の私たちにそれができたのは何も失うものがなかったからだ。だから、ケン・ブランチャード教授が言うプロミスランドがあると確信して進むことができた。

旅の体験談

星野温泉旅館は1914年開業の老舗旅館だが、私たちが経営を始めたとき、建物やサービスなど改善したいことばかりが目についた。母屋の2階にある食堂で提供していた和食は、自分が食べて美味しいとは思わなかった。調理は板前という職種の人たちが厨房で担当していたが、「美味しくないと思う」とは決して言えない。そんなことを言った途端に、板長は辞めていくことが予想できたからだ。その際には、この世界の習慣に従って、調理場のスタッフ全員が辞める、業界用語で言う「総上がり」が起こり、翌日から調理を担当する労働力がなくなって自分が困るのが目に見えていた。お客様の近くで働いているスタッフは、顧客が美味しいと思っていないことを一番よくわかっていた。しかし、それは経営者でも言えないのだから、黙って知らないふりをするしかない。

こんな状態からの活路を求めて、ある日、私は勇気を振り絞って板長に話してみた。「私たちの旅館では、もっと美味しい食事を出したいと思うのですが……」と聞くと、板長は「お客様は美味しいと言っている」と反論した。そんなことは決してないと思ったが、確かに味の評価は主観的であり、私も客観的なデータを持って味のレベルを指摘しているわけではなかった。そこで情報公開というエンパワーメントへの第1の鍵を使うことを思いついた。

外部の調査会社に委託して顧客満足度調査を実施し、その結果を全社員に公開した。食事の味だけではなく、フロントサービス、お部屋、そして温泉大浴場まで、すべてを調査範囲として結果を定期的に公開したのだ。

すると驚いたことに、スタッフに指摘されると感情的になる板長が、顧客に「美味しくない」と言われている結果を見た途端、意地になって改善を始めたのだ。当時、星野温泉旅館の社員は、会社に対する忠誠心はなく、誰も利益を高めようとは思っていなかったが、自分自身がサービスを提供しているお客様に満足してほしいという気持ちだけは持っていた。それぞれ仕事のスキルに高低はあっても、どの社員も持っているこの気持ちこそ、経営者が信頼し活用すべき能力なのだと私は気づいた。

その調査結果は、食事の味だけでなく、サービスや清掃状態などさまざまな面で顧客が満足していないことも示していた。私たちは数値を少しずつ上げることを目標とし、前回よりも数値が改善したらお互いに褒め合うことにした。1分間マネジャーからの学びだ。そうすると、社員たちは調査結果の公表を楽しみにするようになった。不思議なもので、これだけで顧客満足度はどんどん上昇し始めたのである。

サービスの質に対する評価は主観的になりがちだ。料理の味、スタッフの親切さなどは見えにくいし測るのも難しい。だから、経営者個人の尺度で判断してしまうことが多くなるが、スタッフはその判断をまったく信用していない。「総支配人はお客様のニーズをわかってないよね」という愚痴につながるケースが多い。サービスに対する評価は顧客セグメントによって違う基準があり、年配の女性と20代男性では食事に対する評価基準がそもそも大きく異なっている。セグメントごとの数値も含めて公開したことが、サービス評価の客観的基準になっただけでなく、よい議論のベースを社員に与えることになり、その意義は大きかった。

顧客満足度を少しずつ上げていくことを目標としたが、どうやって上げていくかについては相談されない限り放置した。組織全体が第3の鍵であるセルフマネジメント・チームになっていくことを目指したのだ。前述した通り、目の前のお客様には満足してほしいという気持ちを社員たちは元々の性質として持っている。その力を引き出すことこそがエンパワーメントであると考えた。そうすると仕事が楽しくなってきて、社員の定着率が上がり始めた。

さらなる問題に遭遇

さまざまなことが好転し始めた実感を得て、私たちは経営に自信を持つようになったが、まもなく大変困った事態が起きた。各職場のスタッフが継続して改善に取り組む中で、多くの問題が解決され、残された課題は難度が高いものに絞られてしまったのだ。つまり、お金がかかる対策である。

客室のチームからは「布団など多くの備品を買い直さないと、これ以上満足度は上がらない」、食堂からは「食器を交換する必要がある」、フロントからは「増員して今できていないサービスを提供したい」、温泉大浴場担当からは「そろそろ露天風呂をつくる必要がある」などなど、コスト増になる提案がたくさん上がってきた。社員たちの目は輝き始めているのに、私の目が曇り始めるという逆転現象が起こったのだ。

提案の多くは妥当性があり、星野温泉旅館がよくなっていくためにはいつか実施しなければいけない投資だ。しかし、資金は限られていた上に、顧客満足に効果がある対策でも、それらが追加の収益につながるのか心配だった。もしつながる場合でも、新たなキャッシュフローがいつ発生するのかがわからなかった。

リスクを感じた私が、いろいろな理由をつけて先延ばししていると、ある社員から「社長は顧客満足を本気で上げようとしていない」と指摘された。焦った私は思わず「顧客満足は本当に重要なのか？」と言ってしまった。この一言で、ようやく社員の中に目覚め始めた価値観が崩壊していくのを感じた。

マネジメントとしてこの表現は間違っていたが、その真意は一応こうだ。企業活動の目的は利益を上げることであり、顧客満足はその手段であるはずだ。しかし、経営していた私の実感として、旅館の顧客満足を上げようとすると、利益は圧迫されるのである。サービス産業の論文や書籍には、顧客満足は重要であるとは一様に書いてあるが、それが実際にどのようなメカニズムで利益に結びつくのかについては、誰も把握していないように感じた。「顧客満足は善であるから、それをしっかりとやっていれば神様がどこかで見ていてくれて、いつか必ず利益というご褒美をくれるだろう」と信じているかのようなのだ。これで経営になるのだろうか。

同業にも学びを求めたが、驚いたことに、多くの経営者が「顧客満足の向上努力は必ずしも利益につながるとは限らない」「ある程度手を抜くことが収益の最大化につながる」と考えているようであった。そうならば、どの程度手を抜くのが最適なのかを知りたくなるが、感覚としてはクレームが出る寸前まで手を抜くことが最適という感じだ。クレームが発生すると新たなコストが発生し収益を下げるので避けるべきであるが、満足度が非常に高い状態を達成するにはコストがかかりすぎるので、それも収益を下げるという理屈だ。

確かに1990年代に日本国内でリゾート滞在を経験してみると「文句を言うほどではないが、大変満足したとも言えない」というモヤモヤしたサービスだった印象を受けたが、その背景が見えた気がした。こんなことで日本観光は世界で勝てるのだろうか、というほど当時の私は高い意識を持っていなかったが、それでも、これでは仕事は面白くならないと思った。

この話をすると「口コミが重要だから顧客満足は大事だ」という説を発想する読者も多いだろう。これはSNSの発展で近年ますます重視されている。しかし、それならば口コミするセグメントを特定し、そこだけに集中してコストをかけて、よいサービスを提供すべきとなる。そもそも、悪く言われたくないから頑張る、ネット上で褒めてほしいからよいサービスを提供するということで、私たちの仕事はよいのだろうか。私は今でもこの理屈に納得していない。口コミをする人であろうがなかろうが、いらしていただいた顧客に喜んでもらうことが収益増に結びつくというメカニズムがきっとどこかにあるはずで、そうでなければいけないと思っているのである。

3つの鍵が融合した

1990年代の話に戻るが、顧客満足がどのように収益に結びつくのかというブラックボックスの解明に社員全員で取り組むために、私たちは旅館の収益情報を社内で公開することに踏み切った。企業の存続、そして社員の生活にとって利益が大事であることは誰もが理解してくれた。顧客満足を高めていくことが収益の安定に結びつくであろうという仮説も理解してくれたが、どうやってこの2つの数字をバランスよく両立させながら向上していくのか、これが経営のテーマであり、それを社員全員の共通の課題としたのだ。

このとき、星野リゾートのビジョンを「リゾート運営の達人になる」と設定した。達人とは、顧客満足度と収益率を両立させることができる実力を持つ運営会社と定義した。これは本書に出てくる第2の鍵である。社員の自由な発想、議論、そして行動を真に奨励するために、ビジョンと価値観を明確にし、「自律的に行動できる仕事の領域」を設定したのだ。これが第2の鍵の意義であるが、私たちはそれを無視して、第3の鍵で自由だけを奨励するという失敗をしていたのである。

収益情報を公開することで、スタッフは使えるお金が限られていることを初めて理解してくれた。顧客満足の改善提案においても「食器を買い直すと、どのくらい収益が上がるのだろうか？」という本質的な思考が生まれ、有意義な議論ができるようになった。さまざまな節約の工夫が発想され、やりたいことのために削減すべき他のコストの提案も出てくるようになった。今まで経営幹部だけが頭を悩ませていたプロセスを多くの社員が一緒に悩んでくれるようになったのである。

もう1つの大きな変化は、決めたことに対する社員のコミットメントだ。自分たちで辿り着いた結論であり、その背景も理解している。なぜこうするのかがわかっているので、実行するチームは最良の結果を出そうという意志を持つようになった。

顧客満足や収益は会社の実力を示す情報であり、経営者が公開することをためらうのは自然だ。社内で公開すれば、それが社外に漏れることを覚悟する必要があるからだ。しかし、自社の実態を競合他社が把握することが、実際にどの程度自社の競争力を弱めるだろうか。私はこの問いに何度も自問自答したが、「経営者として恥ずかしい」という個人的な問題以外はないという結論だった。恥ずかしい姿をさらすことで、社員の信頼を得ることができる。それはいずれ恥ずかしくない会社になっていくために必要なことだったのだ。

ここまでが1990年代に私が星野温泉旅館で本気で取り組んだエンパワーメントの旅である。私はその後、単にこのプロセスを他の地域の多くの施設で繰り返してきた。そしてエンパワーメントされた各地のチームが自律的に顧客満足度を改善し、新しい魅力を生み出し、収益を改善してくれた。温泉旅館の「界」が全国の施設で提供する若者旅、北海道の雲海テラス、星のや京都の空中茶室、青森の苔メンなど、これらの大ヒットサービスの中で私が自ら発想したものは1つもない。軽井沢のブライダル事業は、市場縮小期に20年間業績を維持し続けているが、私が関与していたのは最初の5年だけだ。

旅立ちのすすめ

ケン・ブランチャード理論の根底にある理念は、これからの企業が活用すべき資産は人材の能力であるということだ。つまり、資金や土地、または今ある技術の資産で競争優位を持続できる時代ではなく、組織にいる人材の脳をいかに活性化させるかが勝負どころであるという教えである。私が新しい施設の運営を担当させていただき、その施設に長く勤めるスタッフたちと出会い、一緒に仕事を始めるときに感じるのは、マネジメントは社員の能力の半分も活用できていないということだ。ホテル・リゾートの現場で言えば、目の前のお客様に満足してほしいと思う社員の気持ちが能力なのであり、自由な環境を整えることで、その気持ちを発想と行動に変えてもらい、今まで抑えられていた社員のエネルギーを解き放つ。私がやってきたことはこれだけだ。

エンパワーメントの旅を日本の組織に当てはめるのが難しい原因は、私たちの文化にある。米国では職務や年齢に関係なく、ファーストネームで呼び合う。そしてYouとIしかない英語は対等な議論をしやすい言語だ。日本では苗字のあとに「様、さん、君、ちゃん」などさまざまな言葉をつけるが、それは上下関係を示す信号でもある。役職名で呼ぶことも一般的だが、それも目上の人を敬う配慮の表れだ。

エンパワーメントされたチーム組織では、権限を持ったマネジャーはいても、「偉い人」はいないという組織文化を定着させる必要がある。正しい選択肢を探すために議論している段階では、完全に対等に意見交換ができる環境を維持しなければならない。誰が言っているかが重視される議論は機能しない。説得力ある意見が誰に遠慮することなく自然に重視される環境が必要だ。自分の発言が人事や評価につながってしまう懸念がある状態では、正しい議論はできない。思ったことを言うことが目上の人に対して失礼になる懸念もマイナスだ。「今日は無礼講で意見を出してほしい」という表現を聞くことがあるが、そもそも無礼があるというのは上下関係を認めた発言であり機能しない。完全にフラットな人間関係が定着している世界では、そんなことを言う必要もないのだ。

星野リゾートでは、総支配人やマネジャーを役職名で呼ぶことを禁止し、「××さん」と呼ぶことをお願いしている。総支配人やマネジャーが社員を呼ぶときも同様で、年齢男女に関係なく「××さん」と呼ぶことをルールにしている。日本でフラットな組織文化を定着させるための工夫の1つだ。

米国でもある程度似た事情は存在し、ケン・ブランチャード教授は、上下関係文化が引き起こす課題を打破する唯一の方法は、組織トップの強いリーダーシップだとしている。トップが真にフラットな人間関係を築こうとしない限り、組織のエンパワーメントは不可能だ。そして、それを組織の隅々まで浸透させる努力を継続的に行う必要がある。本書の教えは素晴らしいのであるが、実現するには覚悟が必要であり、「それは1分間では不可能」、ケン・ブランチャード教授はそう言っているのである。

本書に著された概念は、ケン・ブランチャード社の手法を活用したものです。同社は、世界80カ国以上において、20の言語で、企業や団体が業績や従業員エンゲージメント、顧客ロイヤリティを向上させるのを助けています。本書で取り上げた概念や方法論を自分の組織に取り入れたい方は、下記にご連絡ください。

●日本におけるサービス提供者

ブランチャード・ジャパン(Blanchard Japan)
株式会社ピープルフォーカス・コンサルティング
ブランチャード事業部
〒151-0051　東京都渋谷区千駄ヶ谷3-12-8　ル・グラン原宿
URL: http://www.blanchardjapan.jp
E-mail: info@blanchardjapan.jp
Tel: 03-5771-7073

●本社

The Ken Blanchard Companies – Global Headquarters
E-mail: international@kenblanchard.com
Telephone: +1-760-489-5005
Address: 125 State Place,
Escondido, California 92029 USA

Web Site: www.kenblanchard.com

[著者]

ケン・ブランチャード（Ken Blanchard）

世界で最も影響力のあるリーダーシップの権威の一人。60冊の共著書があり、世界の40を超える言語に翻訳され、合わせて2100万部超の売上げがある。『新1分間マネジャー』『新1分間リーダーシップ』『1分間顧客サービス』『ザ・ビジョン』（いずれもダイヤモンド社）などが邦訳されている。1979年に妻のマージーとケン・ブランチャード社を創業、国際的な経営コンサルティング・研修を展開。現在は同社のCSO（Chief Spiritual Officer, 最高精神責任者）を務める。

ジョン・P・カルロス（John P. Carlos）

経営コンサルタント。企業のマネジャーおよび経営者の啓発、チーム・エンパワーメント、リーダーシップ訓練、顧客サービスなどの分野に深い造詣があり、先端的な経営手法を開発している。

アラン・ランドルフ（Alan Randolph）

経営コンサルタント。民間企業および公共機関で組織マネジメントのコンサルティングに従事。専門分野は、エンパワーメント、プロジェクト管理、リーダーシップ、顧客サービス、チームビルディングなど。

[監訳者]

星野佳路（ほしの・よしはる）

1960年生まれ。慶應義塾大学卒業。米国コーネル大学ホテル経営大学院で経営学修士号を取得。91年、家業である老舗旅館「星野温泉旅館」の4代目社長に就任。日本の観光業が変革期を迎えていることを見通し、施設所有にこだわらない運営特化戦略を進める。95年に社名を星野リゾートに変更。ケン・ブランチャードのエンパワーメント理論を取り入れることで、組織が飛躍的に活性化し、持続可能なリゾート運営を実現。国内の運営に加えバリや台湾、ハワイなど海外にも展開を広げている。日本の観光産業振興のカギを握る経営者として注目されている。

[訳者]

御立英史（みたち・えいじ）

神戸大学卒業後、出版社で書籍編集に携わる。現在、異文化理解、教育・福祉、環境などの分野でフリーの翻訳者・ライターとして活動している。

社員の力で最高のチームをつくる

——〈新版〉1分間エンパワーメント

2017年2月23日　第1刷発行
2025年1月24日　第14刷発行

著者———ケン・ブランチャード／ジョン・P・カルロス／
　　　　アラン・ランドルフ
監訳者——星野佳路
訳者———御立英史
発行所——ダイヤモンド社
　　　　〒150-8409　東京都渋谷区神宮前6-12-17
　　　　https://www.diamond.co.jp/
　　　　電話／03･5778･7233（編集）　03･5778･7240（販売）
ブックデザイン—山田知子（chichols）
DTP　———荒川典久
製作進行——ダイヤモンド・グラフィック社
印刷————八光印刷（本文）・加藤文明社（カバー）
製本————ブックアート
編集担当——田口昌輝

ISBN 978-4-478-10067-7